Müller/Mann · Zuppa di zucca

Illustrationen von
Christoph Mann

Fotos von
Robert F. Hammerstiel

Birgit Müller

Zuppa di zucca

Die Küche des Piemont

Hugendubel

Die angegebenen Rezeptmengen reichen, wenn
nicht anders angegeben, für 4–6 Personen. In den
vorgestellten Ristoranti wird in der Regel traditionell für eine ganze Familie gekocht, so daß also
immer auch mehr als 4 Personen mitessen können.

Die Deutsche Bibliothek – CIP-Einheitsaufnahme
Müller, Birgit:
Zuppa di zucca : die Küche des Piemont / Birgit Müller. Mit
Ill. von Christoph Mann. – München : Hugendubel, 1994
ISBN 3-88034-724-7

© Heinrich Hugendubel Verlag, München 1994
Alle Rechte vorbehalten

Fachlektorat: Cornelia Klaeger
Umschlaggestaltung: Zembsch' Werkstatt, München
Produktion: Tillmann Roeder, München
Satz: Uhl + Massopust, Aalen
Reproduktion: Fotolito Longo, Frangart
Druck und Bindung: Appl, Wemding
Printed in Germany

ISBN 3-88034-724-7

Inhalt

VUOL DIRE
INCORPORARSI LA STORIA
DELL'ARTE A BOCCONCINI ...

Einleitung

»Am Fuß der Berge«

Das Piemont zählt zu den eindrucksvollsten Landschaften Italiens. Großartig sind hier die Weine, reich ist die Vegetation und ausgezeichnet die traditionsreiche Küche.

Piemont (*pedemontium*) heißt auf deutsch »am Fuß der Berge«. Denn im Süden sind es die ligurischen Seealpen, im Westen der Gran Paradiso sowie die Kottischen Alpen und im Norden die Schweizer Alpen, die das Piemont begrenzen. Nur zum Osten hin öffnet es sich in eine weite und fruchtbare Ebene. Hier in der *pianura,* dem flachen Land südlich des Lago Maggiore in den Provinzen Novara und Vercelli, liegen Europas größte Reisanbaugebiete. Wohin man auch schaut, sind es die vom Wasser bedeckten Reisfelder, die das Auge begleiten. In der Poebene wird außerdem Mais, Gemüse und Getreide angebaut. Im Südosten findet man das so charakteristische Hügelland mit Obstanbau. Doch auch im Südwesten, in der Provinz Cuneo, wird reichlich Obst geerntet, vor allem die köstlichen Erdbeeren. Im Süden erstreckt sich die *Langhe* mit der für sie kennzeichnenden Hügellandschaft, ihren endlosen Weinbergen und den die Hügel bekrönenden Städtchen sowie alten Kastellen. Mit den besten Rotweinen, dem Barolo, Barbaresco, Nebbiolo oder dem Dolcetto, ist sie das kulinarische Zentrum des Piemont. Das gilt auch für die weiche Hügellandschaft des Roero. Den großen Mittelteil bildet das untere und obere Monferrato, getrennt durch den Fluß Tanaro.

»Er stinkt wunderbar, der Trüffel!«

Neben den Weinen ist es im Herbst der *Trüffel,* der das Piemont für Feinschmekker und Kenner in ein gelobtes Land verwandelt. Dabei ist der Trüffel nichts anderes als ein unter Eichen, Kastanien, Linden und Birken schmarotzendes Pilzgewächs. Am besten ist er als weißer Trüffel, dem feuchte und schattige Hänge besonders gut bekommen. Das Geheimnis dieses Pilzes, der 2000 Mark und mehr pro Kilogramm kosten kann, ist sein Duft. Je mehr er stinkt, um so begehrter ist er! Die Herkunft des weißen Trüffels *(tuber magnatum)* läßt sich an seinem Geruch allerdings nicht erkennen. Experten schätzen, daß von den auf dem Markt in Alba gehandelten Trüffeln nur zehn Prozent im Piemont »erschnüffelt« werden. Da aber alle nur die Alba-Trüffeln wollen, blüht das Geschäft mit denen aus anderen Regionen Italiens. Ich habe einmal erlebt, wie Trüffeln einem Wirt zum Kauf angeboten wurden. Gesten, vielsagende Blicke und eine gewisse Nervosität erweckten den Eindruck, als handele es sich um einen größeren Drogendeal. Schließlich holte einer der Bauern aus seiner Jackentasche die in einem Tuch verpackte »heiße Ware«, und dann ging das Beschauen, Riechen und natürlich das Handeln los.

Das größte Kapital des Trüffelsuchers, *trifolau,* ist sein Hund. Wer einen solchen Pilzjagdhund besitzt, zum Beispiel einen Volpini oder Spitz, es kann aber auch ein Bastard sein, der läßt sich diesen teuersten Pilz der Welt erschnüffeln. Natürlich müssen die Hunde ihrem *padrone* gehorchen, genügend »Beute« anbringen und dürfen die heißersehnte, teure Knolle nicht selber fressen. Um einen Hund darauf abzurichten, muß man acht Stunden am Tag mit ihm arbeiten, damit er es nach einigen Wochen gelernt hat. Wer erfolglos bleibt, kann seinen Hund in Roddi, einem kleinen Örtchen im Barolo-Gebiet, auf eine »Hunde-Universität« schicken. Hier werden die Vierbeiner in mehrwöchigen Kursen erzogen. Eine Familie hat sich seit Generationen auf dieses Gebiet spezialisiert und ist bemüht, alle »Studenten« bestens auf ihre schwierige Arbeit vorzubereiten. Hündinnen, so war zu erfahren, sollen übrigens ihr Riechwerk viel schneller begreifen.

Mitte Oktober, auf der alljährlich in Alba stattfindenden, international bekannten Trüffelmesse, können Sie nach Herzenslust selber ein bißchen schnüffeln und sich unter Kenner, Feinschmecker und solche mischen, die sich dafür halten. Bei einer der meist nächtlichen Trüffelsuchaktionen dabei zu sein wäre für viele Trüffelfanatiker das Größte. Doch es scheint fast unmöglich. Man muß schon sehr großes Glück haben und einen vertrauenserweckenden Eindruck machen oder auf eine langjährige Freundschaft mit einem Trifolau zurückblicken. Die Angst ist einfach zu groß, man könne einem anderen Trüffelsucher die Stelle verraten oder gar in der Nacht selbst Hand anlegen.

Sollten Sie sich übrigens vom Trüffelfieber anstecken lassen, hier noch ein Tip am Rande: Verfeinern können Sie sich manches mit dieser edlen Knolle, doch sollten Sie sie nicht über jedes Essen hobeln. Besonders gut schmeckt Trüffel auf einem Spiegelei oder wie es Claudia im Restaurant »La Contea« anbietet: ein frisches Ei in ein ausgebuttertes und feuerfestes Tonschälchen aufschlagen, im Backofen garen und vor dem Servieren weißen Trüffel darüberhobeln.

Von anderen Gerüchen: Käse

Im Piemont gibt es nicht nur die D. O. C.-Bezeichnung für Weine, sondern auch für *Käse,* und das gleich bei acht verschiedenen Sorten: Grana Padano, Gorgonzola, Bra, Murazzano, Raschera, Castelmagno, Robiola di Roccaverano und Taleggio. Die bei uns bekanntesten sind der Grana Padano, Gorgonzola und Taleggio. Die guten Bergkäse aus dem Hochland der alta Langa verdienen es, besonders erwähnt zu werden.

Der *Castelmagno* aus der Provinz Cuneo ist die Perle unter den Käsesorten. Er ist sehr würzig bis pikant, von weicher bis krümeliger Konsistenz und von feinen blauen Äderchen durchzogen, die das zarte, erdige Schimmelaroma ausmachen. Seine Reifezeit muß mindestens sechzig Tage betragen, doch Kenner wissen, daß er erst nach fünf Monaten seinen vollen Geschmack besitzt. Bei Caraglio im Granatal führt ein Weg hinauf zu einer 2000 Meter hoch gelegenen Bergkette, wo die Kühe gerade einmal von Mitte Juni bis Mitte September draußen sein können. Auf jenen Weiden liegt das Geheimnis dieses wunderbaren Käses. Verschiedene und aromatische Pflanzen sorgen für die *materia prima,* die beste Milch für den Castelmagno. Schade, daß von diesem köstlichen Käse nicht genug produziert werden kann. So reihen sich auch feste Kunden in lange Warteschlangen ein. Ebenso verwundert, daß dieser auf das Jahr 1277 zurückreichende Käse erst seit dreißig Jahren wieder produziert wird. Bedauerlich auch, daß die bei der Käseherstellung anfallende gelbe Butter, *il burro naturale,* nicht so viele Liebhaber findet, denn sie ist ausnehmend gut.

Der *Bra* ist der meistverbreitete Käse. Er ist besonders typisch für die Provinz Cuneo. Mittelfett, eher fest als zu weich und leicht würzig, verändert er nach einem halben

Jahr seine Farbe; er wird dann gelblich und im Geschmack pikanter. Der *Murazzano*, benannt nach dem gleichnamigen, für seine Schaf- und Ziegenzucht sehr bekannten Dorf in der Langhe, ist ein weicher und ursprünglich nur aus Schafsmilch hergestellter Käse. (Heute darf er bis zu maximal vierzig Prozent Kuhmilch enthalten.) Viele kennen die kleinen runden Formen unter dem Namen *Toma* oder *Robiola*, die noch am Tag der Herstellung leicht körnig sind und dann besonders fein schmecken.

Der *Raschera* ist ein runder oder eckiger, mittelfetter Kuhmilchkäse aus der Provinz Cuneo, besonders aus den Kommunen von Fabrosa Soprana und Sottana, Roccaforte und Montaldo Mondovi. Diesen leicht salzigen und pikanten Käse findet man sehr selten.

Aus dem Aostatal stammt der *Fontinakäse*, der bei vielen Spezialitäten, wie der famosen *fonduta* (Käsecreme), die wichtigste Zutat ist. Eine ganz besondere Art dieser Käsezubereitung kennt man in der Hügellandschaft der Langhe.

Brôss, brus oder *bröss*, ein recht scharfer, in der Konsistenz butterähnlicher Käse wird in Gläsern oder Tontöpfen über einen Monat lang gereift. Robiolakäse wird kleingeschnitten, mit Grappa und Weißwein übergossen, mehrmals mit einem Holzlöffel umgerührt und im Wochenrhythmus durch Zugabe von neuem Käse, Grappa und Weißwein aufgefrischt. So verfährt man weiter bis zum dreißigsten Tag. Beim ersten Probieren verschlägt es manchem den Atem, doch man gewöhnt sich schnell an den strengen Geschmack. Fast jede Familie, die diesen Käse gern ißt, macht ihn zu Hause selbst. Viele verwenden dazu verschiedene Käsereste oder – wie es in der Gegend um Biella üblich ist – drei Käsesorten: *tomini elettrici, frachet* und *sernium*. Auf diese Weise ist der Bross entstanden. Niemand konnte sich früher erlauben, Käsereste und -krusten wegzuwerfen. Man legte sie in einen Tontopf, goß hochprozentigen Alkohol darauf, probierte es auch mal mit Kräutern, Pfefferschoten oder einer scharfen Beize aus Knoblauch, Öl und Essig und wartete, bis der Käse nach einigen Wochen seine völlige Schärfe hatte. Mit frischem, selbstgebackenem Landbrot mögen ihn die Landsleute am liebsten.

Reis und Suppen

Meist als Risotto zubereitet, findet der Reis auch in Suppen, für Füllungen, als *frittata di riso*, Reisomelett, als Salat und im Dessert Verwendung. Ein klassisches Gericht aus Novara, bei dem Reis, Bohnen (den *borlotti*) und Wurst (dem *salamino*) in Gemüsebrühe gekocht und mit viel Pfeffer abgeschmeckt werden, ist die *paniscia novarese*. Ähnlich die *panissa vercellese*, ein Reisgericht aus Vercelli, das trotz seiner Nähe zu Novara etwas anders zubereitet wird. Ein *risotto in barolo* gilt als die Spezialität im Barologebiet; mit einem anderen Wein, dem Barbera, wird das *risotto*

alla novarese zubereitet. *Ris in cagnôn,* ein gekochter Reis in Butter und einem weichen Schmelzkäse geschwenkt, war früher ein unerläßliches Gericht bei einem Hochzeitsschmaus. *Riso e zucca,* Reis und Kürbis, kocht man in Milch. Ins vorige Jahrhundert reicht das Rezept *risotto al rum e salsiccia* zurück. Man nimmt dazu Reis und etwas Gemüse, bräunt beides in Butter, gibt die Würstchen hinzu, beträufelt sie mit Rum und gart dieses Reisgericht in einer Fleischbrühe. Die in Schmalz konservierten Reiswürste, *salsicce di riso,* bestehen aus Schweinefleisch und Reis. Sie galten einmal als Spezialität, die es heute nur noch in wenigen Gegenden des Piemont gibt.

Die überschwemmten Reisfelder sind ein Tummelplatz für Frösche. Wenn auch seltener als früher, füllen sie frittiert oder als *rane dorate* in Wasser und Essig mariniert, in Mehl gewendet und ausgebacken die Bäuche ihrer Liebhaber. Die *rane in guazzetto* gart man in Tomatensoße und überstreut sie beim Anrichten mit sehr viel gehackter Petersilie. Beliebt sind auch *riso e rane,* ein Gericht, das vorwiegend in der Provinz Novara gekocht wird, sowie die *rane ripiene,* gefüllte Frösche.

Eine Spezialität aus der Gegend um Biella sind *trippe salveie,* die »wilden Kutteln«. Es ist eine schmackhafte Suppe aus verschiedenen Feldgemüsen und besteht nicht, wie der Name vermuten läßt, aus Kutteln. Solche Suppen wie *al macc,* zubereitet aus Reis, Milch Butter und Kastaniencreme, oder die aus Fleischbrühe, Kastanien, Eiern und Petersilie bestehende *zuppa di castagne* und die *minestra di castagne secche* aus getrockneten Kastanien, Milch, Honig Salz und Salbeiblätter gehen auf ländliche Rezepte zurück und werden überwiegend dort gegessen, wo es viele Kastanien gibt. Ein sehr traditionelles Rezept ist die *tofeja;* sie besteht aus dicken Bohnen, Schweineschwarte, -ohr, -füßen, Knoblauch, Sellerie, Karotten, Zwiebeln, Rosmarin und Lorbeer. Diese Suppe wurde früher nach dem Brotbacken in der restlichen Glut des Holzbackofens die Nacht über sanft gegart.

Nudeln und Gnocchi

Die *Pasta* gehört natürlich auch im Piemont zu den beliebten Gerichten. Dabei bevorzugen sie hier ihre eigenen, hausgemachten Sorten. Das ist verständlich und sofort nachvollziehbar, wenn man einmal die beiden berühmten Nudelsorten gegessen hat. Von Region zu Region gibt es sie etwas anders gefüllt, die *agnolotti;* oder die mit den vielen, vielen Eigelben zubereiteten *tagliolini* (oder *taglierini*) ein traditionelles Essen, das nie bei einem Fest fehlt. Im Dialekt heißen sie *tajarin* und sind eine Spezialität der Langhe. Bei den *cannelloni alla Barbaroux* handelt es sich um Crêpes, die Graf Giuseppe Barbaroux kreiert hat. Gefüllt mit Fleisch, Schinken, Eiern und Käse, werden sie mit einer Béchamelcreme überbacken.

Die *gnocchi* werden je nach Gegend und Tradition aus Maismehl oder Kartoffeln bereitet. Buchweizenmehl und Mehl nimmt man gern in der Provinz Cuneo, und dort werden die *gnocchi alla bava* mit einer Käse-Sahne-Soße angerichtet. Zu ihrer Verfeinerung hobelt man im Spätherbst einen Hauch des weißen Trüffels darüber. Ganz besonders stolz ist man in der Commune di Pradleves auf die Gnocchi mit der Castelmagno-Käsecreme. Die *dunderet* sind Gnocchi, deren Teig etwas weicher ist und die mit dem Löffel ausgestochen und direkt ins kochende Wasser gegeben werden.

Grissini und Brot

Völlig undenkbar ist eine Mahlzeit ohne die sehr dünnen und langen, allerdings auch sehr zerbrechlichen Brotstangen, die *grissini,* die vom Antipasto bis zum Käse geknabbert werden. Man muß sie hier in ihrem Ursprungsland einmal gegessen haben, denn sie sind nicht vergleichbar mit den Grissini, die es sonst in den Restaurants gibt.

In einem 1663 in Paris gedruckten italienisch-französischen Wörterbuch taucht schon der Begriff *grissino* auf und wird als »langes Brot aus dem Piemont« beschrieben. Und schon zwanzig Jahre zuvor notiert der toskanische Abt Rucellai nach einer Reise durch das Piemont, er habe in Chivasso Brot probieren können, das länger als ein und einen halben Arm und dazu noch sehr dünn gewesen sei.

Brot wird auf dem Land und natürlich in vielen Restaurants durchaus noch selbst gebacken. Ähnlich wie die *bruschetta* in den südlicheren Landesteilen Italiens, ist im Piemont die *sòma d'aj*, das mit Knoblauch eingeriebene und mit Olivenöl beträufelte Landbrot, eine herrliche Vorspeise oder ein schneller Imbiß zwischendurch. »Sòma« bedeutet im Dialekt »Esel mit Last bepackt«. Doch da es sich dabei nicht um eine dick belegte, sondern eher um eine dürftige, wenn auch gute »Last« handelt, kann man dieser Bezeichnung ja eigentlich nur die Brotform und die Ladung Knoblauch gemeint sein, denn davon nimmt man reichlich. Die Brotlaibe werden mehrmals eingeschnitten, sollen eine rissige, schön krustige Rinde besitzen, damit Knoblauch und Öl gut eindringen. In Piemont reibt man das Brot – allerdings nur im Sommer – mit Tomaten ein.

Im Herbst zur Weinlese wird es vorzugsweise mit blauen Trauben (Dolcetto) gegessen. In Castelnuovo Don Bosco, in der Provinz Asti, ißt man dazu eine ganz besonders süße und geschmacklich sehr intensive Traubensorte, die *uva delle zucche* (im Dialekt nennt man sie *üva dar cusse*).

Fleisch

Fleisch ist im Piemont etwas ganz besonders Feines, das gern und viel gegessen wird. Die Qualität ist immer ausgezeichnet, besonders wenn es sich um die piemontesische Rinderrasse *bovino* handelt. Und da wir uns im Land des Barolo und Barbera befinden, wird ein in diesen Weinen großzügig geschmorter Rinderbraten, wie der berühmte *brasato piemontese,* allemal einem saftigen Steak vorgezogen.

In Carrù, der Geburtsstadt Luigi Einaudis, feierte man schon vor hundert Jahren einige Tage vor Weihnachten *la sagra del bue grasso,* das »Fest des fetten Ochsen«. Heute ist das Ochsenessen mit einer großen Viehausstellung verbunden. Das *gran bollito alla piemontese* wird deshalb auch in Carrù besonders gut zubereitet. In seiner klassischen Form besteht es aus sieben verschiedenen Fleischstücken: Kalbsschlegel und Kalbskopf, Zwerchrippe, Schwanzstück, Zunge, Kapaun oder Huhn und eine gewürzte Kochwurst aus Schweinefleisch *(cotechino).* Serviert wird es mit verschiedenen Soßen, zum Beispiel der *bagnèt verd.* Oder mit einer ganz speziellen, mit

Walnüssen zubereiteten Honigsoße, der *saussa d'avie (salsa delle api),* die auch zu Käse gegessen werden kann und ganz besonders gut, wie ich finde, zum Castelmagno schmeckt. Die bekannte *cognà,* die Traubensoße, serviert man zu Fleisch, aber auch zu Käse. Sie wird Mitte September zur Zeit der Weinlese gekocht und soll am besten schmecken, wenn sie mit Dolcetto-Trauben zubereitet ist. Der Saft wird etwa zur Hälfte eingedickt, und kleingeschnittene Birnen, Feigen, Quitten, auch Äpfel, Hasel- und Walnüsse sowie Zimt und Nelken werden dazugefügt. Nach vier bis fünf Stunden ist die Cognà dicklich und kann in Tontöpfe oder Einmachgläser umgefüllt werden. Von älteren Leuten konnte ich erfahren, daß sie als Kinder dieses Traubenmus auf Brot gestrichen und als *merenda* (Nachmittagsimbiß) gegessen haben.

Zu den besonderen und traditionsreichen Gerichten zählen unter anderem der Hasenpfeffer, *lepre al civet,* ein Gericht, bei dem der frisch geschossene Hase in eine Beize aus Wein, Hasenblut und Gemüse gelegt wird. Des weiteren: der geschmorte Gamsbock, *camoscio stufato;* die *batsoà* (vom französischen *bas de soie,* »Seiden-strümpfe«), die ausgebackenen Schweinsfüße, die 1854 von Giovanni Vialardi, dem Koch des Königshauses der Savoia, mit einer *Sauce Robert* zubereitet wurden; oder das *fritto misto,* ein üppiges, aber sehr beliebtes Gericht mit frittiertem Kalbsbries und -mark; auch Kalbshoden, Hirn vom Lamm und Kalb, Kalbsfleisch, Leber vom Kalb, Lamm, Kaninchen, Schwein, Herz, Gemüse je nach Jahreszeit, Apfelscheiben, Akazienblüten gehören dazu. Es ist zweifellos das reichhaltigste von allen *fritti misti* in ganz Italien. Und es sollte, so will es die Geschichte, nur verzehrt werden, wenn es etwas zu feiern gibt. Ob eine Kindstaufe, ein bäuerliches Hochzeitsfest oder die Rückkehr aus der Ferne irgendeines lieben Verwandten, aber auch bei einem Fest der vielen Heiligen. *Trippa alla montanara* oder *alla monferrina* sind Kutteln, die von Ort zu Ort immer ein wenig anders zubereitet werden.

Federvieh ißt man im Piemont viel und ganz besonders gut auf dem Land. Das vielleicht bekannteste Huhn wurde in einem Gemüsesud (Zwiebeln, Karotten, Sellerie, Petersilie, Thymian, Lorbeerblätter und Fleischbrühe) von der Köchin einer Trattoria in Marengo, einem Ort bei Alessandria, zubereitet. Gegessen hat es Napoleon am 14. Juni 1800 nach der siegreichen Schlacht gegen die Österreicher. So erlangte dieses ahnungslose Huhn, das seitdem den Namen *pollo alla Marengo* trägt und eventuell noch von Napoleons Schweizer Koch verfeinert wurde, zu weltweitem Ruhm.

Fisch

Die einzigen Meeresfische, die die hiesige traditionelle Küche seit vielen Jahren angenommen hat, sind die Sardellen. In Salz gelagert oder in einer speziellen Lake eingelegt, brachten ligurische Händler, die ihr Olivenöl im Piemont verkaufen wollten, auch gleich die *acciughe sotto sale* mit. Zurück in ihre Dörfer gingen sie nie ohne den begehrten piemontesischen Rotwein.

Forellen, *trote*, besonders die Bachforellen aus dem Fluß Grana oder die Aale, *anguille*, macht man gerne *in carpione*, in einer Marinade oder *in umido*. Sie werden gekocht oder ausgebacken, mit einer Kräutersoße übergossen und mit Polenta gegessen. Aber auch frittiert schmecken sie sehr gut. Der Stockfisch, *baccalà*, wird mit Nußsoße angeboten. Weiter gibt es Neunaugen, *lamprede*, auch verschiedene Süßwasserfische aus dem Lago Maggiore, wie zum Beispiel Alsen, Barsche, Renken, Hechte, Felchen und Grünlinge sowie weitere kleine Flußfische, *arborelle, barbi, cavedani*, die meist frittiert zubereitet werden.

Die Sardellen sind ein wesentlicher Bestandteil der *bagna caôda*, die man aber auch als *acciughe al verde* ist. Die *acciughe arrostite* und *acciughe in canapè*, beides Rezepte aus dem Buch »Il cuoco piemontese« von 1766, sind heute noch auf den Speisekarten zu finden.

Süße Verführungen

Turin ist die »Hauptstadt der Schokolade«. Die ersten Kakaobohnen brachte Emanuele Filiberto 1559 nach Turin mit, und die erste Edition eines Buches über Kakao von dem Spanier Colmenero de Ledesma ist 1667 in Italien übersetzt und gedruckt worden. Und schon Anfang des 17. Jahrhunderts wurde die erste Schokolade in Turin produziert. Es handelte sich dabei um trinkbare Schokolade, die sich sehr schnell bis nach Florenz und vor allem nach Venedig verbreitete. Dokumente des gleichen Jahrhunderts zeigen, daß 750 *libbre* (Pfund) pro Tag produziert und nach Österreich, in die Schweiz, nach Deutschland und Frankreich ausgeführt wurden. Als *bevareisa* bezeichnete man die Frühstücksspeise reicher Leute, ein Getränk aus Schokolade, Kaffee, Milch und Zucker, ganz sicher ein Vorläufer der *crema bavarese*.

Auch die Gianduja-Schokolade wurde in Turin erfunden, ein weltweit bekanntes Konfekt, bei dem Haselnußmehl den guten Geschmack ausmacht. Es ist so verbreitet wie die *amaretti*, Mandelmakronen, die auch ihre Wurzeln im Piemont haben und die es in weicher und knuspriger Ausführung gibt. Aus der Vielzahl regional verschiedener Gebäck- und Konfektarten, die zu bestimmten Anlässen und Jahreszeiten hergestellt werden, hier eine kleine Kostprobe: *Baci di dama*, Damenküsse, die ursprünglich aus Tortona stammen; oder *brutti ma buoni*, die häßlichen, aber guten Makronen; die *crumiri* aus Casale Monferrato, Plätzchen aus Mais- und Weizenmehl, die wie kleine Bumerangs aussehen; die *biscotti di pane* aus Ovada; *bocciolani di Vercelli* oder *canestrelli*, ein typisches Ostergebäck aus Arquata Scrivia. *Paste di meliga*, Maisplätzchen, und eine ganz spezielle *torta del Palio di Asti* macht Ugo, der Sohn von Lidia aus dem Restaurant »Da Guido« in Costigliole. Für seinen *panettone* hat er sogar schon einen Preis gewonnen. Nicht zu vergessen sind die *savoiardi*, die auch bei uns so bekannten Biskuitstangen für den mittlerweile eingedeutschten Tiramisu-Nachtisch. *Cuneesi al rum*, die in Rum getränkten Schokoladenpralinen aus Cuneo; der *torrone*, ein köstliches Nußkonfekt aus einer Mischung aus Honig, Zucker und verschiedenen Aromen; die *tartufi*, feinste Schokoladentrüffel; und die *bugie*, ein Fettgebäck zur Karnevalszeit, gehören zum großen Repertoire der piemontesischen Köstlichkeiten, für die Naschkatzen so empfänglich sind.

Süße Verführungen gibt es wirklich viele in dieser Region. Die Desserts aus Nüssen und Mandeln, aber auch die aus Obst bereichern die schon so üppige Nachtischpalette. Eine Verfeinerung aller *budini*, jenes Puddings von der *nonna*, der *zia* Rosa, Piera oder Maria, ist das *bonèt*. Ob mit Kakao, Kaffee, Amaretti, Likör oder Vanille ist es der köstliche Abschluß eines jeden Menüs. Die *panna cotta*, ein Sahnedessert, oder die *crema bavarese*, eine bayerische Creme, die im Piemont so begehrt ist, sind weitere Steigerungen in der Kunst der Nachtischbereitung. Der Moscato d'Asti spielt bei vielen Nachspeisen eine Rolle. Die berühmte Zabaione *(sambaione)* wird im Piemont vielfach anstelle von Marsala mit diesem hiesigen Wein zubereitet.

Jahreszeiten

Vieles führte in der Vergangenheit am Piemont vorbei, so auch Goethes »Italienische Reise«. Verborgen blieb dem großen Dichterfürsten und auch anderen Schriftstellern und berühmten Italienreisenden des 18. und 19. Jahrhunderts vor allem eines: die großartige Küche des Piemonts, die wie in kaum einer anderen Region Italiens vom Wechsel der Jahreszeiten bestimmt wird.

Die *Frühlingsküche* hat mit den wärmeren Tagen eine Menge zu bieten: eine Suppe mit dem ersten Grün aus dem Garten; die frischen dicken Saubohnen, die *fave*, die am besten mit Salami oder Käse schmecken; den grünen Spargel und die Artischocken. In Roccaverano, wo es den besten Robiolakäse gibt, bereiten Familien und Trattorien noch bis heute den *Pitò al fieno maggengo*, einen Truthahn, der in einem Säckchen in viel Wasser und im *fieno di maggio*, Maistroh *(maggengo)*, gekocht wird. Der Geschmack ist äußerst eigentümlich. Bis Ostern gibt es noch Zickleinbraten und viele Eierspeisen, salzige Gemüsetorten sowie die ersten Erdbeeren und Aprikosen. Eine Ostertorte aus weißen Kastanien gehört, obwohl die Kastanienzeit längst vorbei ist, zur Tradition. Auch die *salame pasquale* oder *salame del Papa*, die Schokoladenwurst aus Butter, Kakao, Eiern, Haselnüssen und Likör, die aus der *pianura*, dem flachen Land bei Tortona und Alessandria stammt, fehlt nie bei der Ostertafel.

Dann kommen die *Sommermonate*, in denen aus den Gärten reichlich geerntet werden kann. Tomaten und alle herrlich frischen Salate, Zucchini und deren Blüten, die gefüllt *caponét* heißen, Weinbergpfirsiche, Beerenobst und vor allem die kleinen aromatischen Walderdbeeren. Die leckeren marinierten Fleischstücke und Omeletts in allen Variationen. Als Besonderheit gibt es die *frittata rognosa*, ein »krätziges« Omelett, das aus Feld- und Wiesenkräutern, Mohnblättern, Hopfentrieben, Knoblauch und Gemüsen der Jahreszeit sowie Eiern, Parmesan und *salame cotto* zubereitet wird. Eine riesige Auswahl an kalten Antipasti begleiten ein Sommermenü. Überhaupt ziehen sich die appetitanregenden Vorspeisen üppig durch das ganze Jahr hindurch. Früher waren manche für viele Piemontesen ein Hauptgericht.

Der *Herbst* im Piemont ist sehr von der Weinlese, den Trüffeln und Pilzen geprägt. Der Tisch ist reich gedeckt mit Fasan und Hase, Wildschwein, Reh und vielen Pilz- und Kartoffelgerichten sowie Wildkräuter- und Spinataufläufen. Pilze gibt es zwar in einigen Gegenden schon im Juli, doch die Feste werden im Herbst gefeiert, wenn sie überall zu haben sind. Der Phantasie an immer neuen Rezepten sind dann keine Grenzen gesetzt. Ein Fest der Karden wird in Castelnuovo Belbo in der Provinz Asti gefeiert. Dieses Distelgemüse aus der Artischockenfamilie wird hier ganz besonders gern und viel angebaut. Das Trüffelfieber packt manchen schon im September, doch der ideale Monat ist der November.

Klirrend kalte *Winter* mit Schnee, der bis in die Niederungen fällt, haben selbstverständlich Einfluß auf die Ernährung. Bei Temperaturen um den Gefrierpunkt nimmt die Lust nach deftigem Essen zu. Ein Beispiel dafür ist die *bagna caôda*, die man am besten genüßlich an einem großen Tisch vorm Kamin sitzend mit Freunden ißt. Dazu gehören auch in Barolo geschmorte Rinderbraten, kräftige Suppen, die cremige und die feste Maispolenta, Kastanienfladen und -kuchen. Die *Frisse* gibt es in den Wintermonaten beim Metzger fertig zu kaufen; das sind Fleischtäschchen aus Schweineleber, -lunge, -schlegel und -herz, Bratwurst und Wacholderbeeren, die von Wirsingblättern umhüllt sind. Ein gefüllter Kapaun, *cappone ripieno*, ist für manche das Festessen zur Weihnacht. Noch heute ist im Dezember in Neive und Morozzo *la festa del cappone* ein großes Ereignis.

Vier Köchinnen

Auf unserer Reise durch die »Vier Jahreszeiten« begleiten uns Lidia Alciati aus Costigliole d'Asti, Claudia Verro aus Neive, Mary Barale aus Boves und Pina Bagliardi aus Asti. Vier Frauen, die seit Jahren den Ruf der piemontesischen und italienischen Küche begründen.

Wie es überhaupt die Frauen in Italien sind, denen wir zu einem Gutteil die Natürlichkeit und die Raffinesse einer auch international geschätzten, großartigen und einfallsreichen Gastronomie verdanken. Über viele Generationen haben sie an ihre Töchter und Enkelinnen das Wissen um die besten Rezepte und deren Zubereitung weitergereicht. Das trifft neben der Toskana vor allem für das Piemont zu.

Gemeinsam haben wir uns Menüs überlegt, die die wechselnden Stimmungen der Jahreszeiten kulinarisch zum Ausdruck bringen. Fast jedes der Gerichte erzählt eine Geschichte, in der die Tradition der piemontesischen Küche und der Reichtum der Frauen an Wissen und Phantasie eine Rolle spielen.

Lidia, Claudia, Mary, Pina und ihren Familien danke ich für ihre Gastfreundlichkeit, ihr Interesse und ihre Geduld. Christoph Mann hat auf wunderbare Weise in Bilder umgesetzt, was Sprache nur bedingt zu leisten in der Lage ist: Freude und Geschmack an der piemontesischen Küche zu übermitteln. Schließlich gilt mein besonderer Dank Robert F. Hammerstiel, dessen zurückhaltende und daher um so eindringlichere Fotografie uns die Hauptakteurinnen der vier Jahreszeiten selbstbewußt näher bringt.

Die Menüfolgen sind für dieses Buch ausgedacht und erarbeitet worden; sie werden so nicht in den Restaurants angeboten. Wir haben darauf verzichtet, bei jedem einzelnen Rezept anzugeben, für welche Personenzahl es berechnet ist. Fast alle Rezepte lassen sich beliebig auf eine größere oder kleinere Anzahl angleichen; sie sind aber, sofern nicht anders angegeben, für vier bis sechs Personen gedacht.

PRIMAVERA
Lidia Alciati
RISTORANTE „DA GUIDO"
in COSTIGLIOLE D'ASTI

Lidia Alciati

Ein Restaurant zu haben ist keine leichte Sache, sagt mir Lidia gleich während unseres ersten Gespräches. »Denn wenn es so wäre, würden sich ja mehr Leute damit beschäftigen. Man braucht viel Liebe und vor allem Verantwortung gegenüber seinen Klienten.«

Es war keine gemeinsame, langjährige Restauranterfahrung, auf die Lidia und ihr Mann Guido bauen konnten, als sie sich vor nunmehr dreiunddreißig Jahren entschlossen hatten, das Restaurant in Costigliole zu eröffnen. Genau dort, wo Lidias Mutter über eine sehr lange Zeit eine Bar besaß, in der die Tochter mithalf, lernte sie auch die ersten Schritte. Beeinflußt von Großmutter und Mutter, die beide gute Köchinnen waren, hat es sich Lidia zur Aufgabe gemacht, deren Tradition fortzusetzen und zu verfeinern. In unseren Gesprächen kommen Lidia und Guido immer wieder auf die Mutter zurück, die die Idee des Restaurants vorantrieb, in dem sie bis zu ihrem 84. Lebensjahr morgens die erste und abends die letzte gewesen ist. Diese Begeisterung hat sich auf die gesamte Familie übertragen, denn alle drei Söhne von Lidia und Guido sind dem Restaurant verbunden. Der älteste von ihnen, Piero, sucht als Önologe mit dem Vater die vorzüglichen Weine aus. Gemeinsam mit Piero sorgt Andrea, der jüngste der Söhne, für den Service in dem klassisch-eleganten Restaurant, bei dem Grazia, Pieros junge Frau, gelegentlich mithilft.

Doch zurück in die Küche. Da kocht Lidia allein. Zur Seite steht ihr Ugo, der dritte Sohn – und sonst niemand. Für ein Restaurant dieses Niveaus mit immerhin zwei

Sternen und anderen Auszeichnungen ist das äußerst ungewöhnlich. In jedem vergleichbaren französischen, aber auch in vielen italienischen Restaurants würde es von weißen Mützen nur so wimmeln: ein Heer von Köchen, Saison- und Hilfsköchen, Chefpâtissiers und den vielen Zuarbeitern, die belesen, schnipseln, hacken und verzieren. Nichts von alledem erlebt man hier in Costigliole. Eine junge Frau hilft beim Salat- und Gemüseputzen, und zur Hochsaison, wenn hier das allgemeine Trüffelfieber ausbricht, gibt es noch eine weitere Hilfe. In gewissem Sinn arbeitet Lidia so, als habe sie für den Abend eine bestimmte Anzahl Gäste eingeladen, für die sie sehr sorgfältig ihre Vorbereitungen trifft: »Ich muß morgens wissen, wie viele Gäste ich abends haben werde, um ihnen all das bieten zu können, was ich kann und was mir Freude bereitet.«

Was mich an Lidia, neben ihrer Souveränität und Perfektion, so beeindruckt, ist ihr langjähriges und stetes Bemühen, der piemontesischen Küche treu zu bleiben. Sie hatte dabei das große Glück, mit dem Archiv im Kastell von Costigliole eine der besten Kochbuchbibliotheken Italiens in unmittelbarer Nähe zu haben. In ihrer freien Zeit, so erzählt sie, sei sie immer hinauf zum Kastell gegangen, um in den alten Büchern zu schmökern, die Rezepte zu studieren und sie auszuprobieren, wobei Guido sie in ihren Entdeckungen und Ausführungen unterstützte. »Seltsamerweise habe ich nie in die Töpfe anderer großer Köche und Köchinnen geschaut. Auch kommt es selten vor, daß ich ausgehe, um bei Kolleginnen oder Kollegen zu essen.«

Lidia Alciati zählt in Italien zu den Wegbereiterinnen einer vorbildlichen Kochkunst, die vor allem hier im Piemont phantasievoll die Tradition der regionalen Küche weiterentwickelt hat. Ihr Name ist da so wichtig wie der ihres Mannes in Sachen Wein. Für Weinkenner ist Guidos hauseigener Keller mit mehr als 50 000 Flaschen, davon allein 400 verschiedene piemontesische Weinsorten, eine wahrhaft unendliche Geschichte.

Es ist auch Guido gewesen, der über Jahre die besten Käsesorten in den umliegenden Tälern ausfindig machte. Nestfrische Eier, hervorragende Milch und eine erstklassige Butter sind die wichtigen Mitbringsel dieser Reisen gewesen, die inzwischen einer der Söhne übernommen hat. »Manchmal kommen die Käsebauern auch herunter und bringen ihre Ware mit. Das tun sie aber noch nicht so lange, früher sind sie sehr viel scheuer gewesen.« Aller Käse, der im Lokal angeboten wird, ist so nicht in den Geschäften zu kaufen. Von Guido erfahre ich, daß er meist nur für gute Kunden in geringen Mengen produziert wird. Nach *Saluzzo* fahren sie, weil es dort eine Schafsrasse, die *occitane*, gibt, von deren Milch ein ganz besonders guter Käse gemacht wird. Bei einem Bauern haben sie auch den Castelmagno, den fünfeinhalb bis sieben Kilogramm schweren Käse aus dem *alta Valgrana*, entdeckt, der hier auf eine ganz besondere Weise behandelt wird. Er reift in den kühlen Kellerräumen, erhält aber von oben die warme Ausdünstung der Kühe. Der Robiola kommt aus *Roccaverano*, der Toma (aus Kuhmilch) vom *Gran S. Bernardo*, eine im Geschmack intensivere und größere Tomasorte wird im *alta Val Dóssola* besorgt und ein dritter Toma kommt aus dem *Valle di Lanzo*. Der Gorgonzola, mit einer *fermentazione naturale*, ist nicht mit der bei uns bekannten Sorte zu vergleichen. Er gehört mit zu den hiesigen Spezialitäten und wird aus *Lommellina/Vercelli* geholt.

Den Markteinkauf teilen sich Lidia und Ugo. Sollte es einmal ein bestimmtes Gemüse oder Obst nicht geben, so fährt jemand bis nach Turin, um es zu besorgen. Das meiste Fleisch wird von dem bekannten und ausgezeichneten Metzger Martini aus Boves auf Bestellung geliefert. Nur aus Carrù holt man das besonders gute Mastochsenfleisch für das *stracotto*.

Alles, was mit Zucker zubereitet wird, stammt aus dem *laboratorio* von Ugo. Die Petits fours, die ausgefallenen Desserts mit immer wieder neuen Dekorationen, das Gebäck und die Torten – alles wird von dem 27jährigen Absolventen der »Scuola Alberghiera« in Agliano mit großem Geschick und – in der Patisserie nun einmal erforderlich – bis ins kleinste Detail sorgsam ausgeführt. Es machte mir richtig Spaß, ihm bei dieser Arbeit über die Schulter zu schauen.

Menù della primavera
FRÜHJAHRSMENÜ
von
Lidia Alciati

ANTIPASTI

Erste Vorspeise	Carpione di anguilla in gelatina
Zweite Vorspeise	Peperone farcito
Dritte Vorspeise	Fiori di zucchini ripieni

PRIMI PIATTI

Ein Nudelgericht	Agnolotti piemontesi
Ein Reisgericht	Risotto con salsiccia ed asparagi

SECONDI PIATTI

Erstes Hauptgericht	Anatra con salsa di rosmarino
Zweites Hauptgericht	Sella di coniglio

DOLCI

Erstes Dessert	Zabaione freddo con amaretti
Zweites Dessert	Bunet piemontese
Drittes Dessert	Composta di frutti in salsa di limone e mirtilli

Carpione di anguilla in gelatina
Aal in Gelatine

4 EL sehr gutes Olivenöl
1 Zwiebel (in Scheiben)
1 Knoblauchzehe
6 Salbeiblätter
1 EL Mehl
1 Glas Weißwein (Arneis)
2 EL Rotweinessig
1 Karotte
1 Zucchini
300 g Aal
2 Blatt weiße Gelatine
Salz und Pfeffer

2 Eßlöffel Olivenöl im Topf erhitzen und die
Zwiebelscheiben, den zerdrückten Knoblauch und
die Salbeiblätter anbraten. Das Mehl einrühren,
Wein und Essig zugeben, aufkochen und 5
Minuten verdunsten lassen. Durchsieben und die
Flüssigkeit getrennt von den Gewürzen
aufbewahren.

Die Karotte und die Zucchini klein würfeln und
kochen. Den Aal in Mehl wenden und in dem
restlichen Öl in einer Pfanne anbraten. Etwa
20–30 Minuten zugedeckt im Ofen bei 160° C
garen. (Die Garzeit hängt von der Dicke des Aals
ab). Danach den Aal würfeln, salzen und pfeffern
und zu den Gemüsewürfeln und abgesiebten
Gewürzen geben.

Die Gelatine in kaltem Wasser einweichen,
ausdrücken und in der heißen Flüssigkeit auflösen.
Nun die Flüssigkeit über die Aalstückchen und die
Gemüsewürfel gießen und gut verrühren.

Alles in eine Auflaufform umfüllen und
mindestens 3 Stunden kühlstellen.

Lidia schneidet den Gelatine-Aal in Scheiben auf
und serviert ihn mit jungem Feldsalat.

Peperone farcito
Gefüllte Paprika

3 Paprikaschoten (rote, gelbe, grüne)
250 g Thunfisch (aus der Dose)
2 TL Mayonnaise
1 EL Weißweinessig
2 entgrätete, gewaschene Sardellen
5 Kapern (zerdrückt)
Olivenöl, Essig, Salz
1 EL sehr feingehackte Petersilie

Die unzerteilten Paprikaschoten im Backofen 30
Minuten bei 110° C rösten. Herausnehmen und
sofort in eine Plastiktüte stecken oder vollständig
damit abdecken. Nach 10 Minuten läßt sich die
Haut leicht entfernen. Die Paprikaschoten oben
aufschneiden, das Innere auskratzen und die
Schoten mit Deckeln zur Seite legen.

Den Thunfisch grob zerdrücken und mit
Mayonnaise, Essig, Sardellen und Kapern breiig
rühren. In die Paprika füllen, zuklappen und auf
Tellern anrichten.

Aus Olivenöl, Essig und Salz mit einem
Schneebesen eine Soße rühren und die Paprika
damit beträufeln. Mit Petersilie bestreuen und
sofort servieren.

Fiori di zucchini ripieni
Gefüllte Zucchiniblüten

6 schöne große Zucchiniblüten

Für die Soßen:
200 g Karotten
1 EL süße Sahne
200 g Tomaten
Salz
etwas roter Weinessig
9 EL gutes Olivenöl

Für die Füllung:
1 Zwiebel (kleingeschnitten)
1 Rosmarinzweig
50 g Butter
100 g Wurst (Schweinemett oder rohe Bratwurst)
50 g gekochter Schinken
3 Eier
2 EL geriebener Parmesan
Butter zum Ausbacken
100 g Blattsalat

Die Zucchiniblüten vorsichtig waschen und gut trocknen lassen.

Für die Soßen:
Kräftig schmeckende Karotten putzen, zerkleinern und kochen. Abschütten, Sahne zugießen und solange mixen (oder pürieren), bis eine sämige Creme entstanden ist. Im Wasserbad bis zum Verbrauch warmhalten.
Die Tomaten enthäuten, entkernen, mit Salz und Essig abschmecken und unter Zugabe von Öl so lange mixen, bis eine cremige Soße entsteht.

Die beiden Soßen müssen von der Konsistenz so sein, daß sie beim Verteilen auf die Teller nicht ineinander laufen. Bis zum Verbrauch kühlstellen.

Für die Füllung:
Die Zwiebelstückchen mit dem Rosmarin in Butter dünsten, die zerdrückte Wurst zugeben und einige Minuten garen. Den Schinken fein zerhacken, unterrühren, kurz durchziehen und erkalten lassen. Danach mit den Eiern und dem Parmesankäse gut verrühren. Eventuell einen Schuß Sahne zurühren. Die Creme in die Zucchiniblüten füllen und in Butter ausbacken. Auf Küchenkrepp legen.

Kurz vor dem Servieren belegt Lidia den oberen Tellerrand mit Salatblättern und verstreicht in die Mitte einen gehäuften Eßlöffel von der Karottensoße. Die Tomatensoße verteilt sie am Außenrand. In die Mitte legt sie dann eine gefüllte Zucchiniblüte.

Die beiden Soßen wirken sehr zart mit dem gelb-grün der Zucchiniblüten.

Als Farb- und Geschmacksvariante kann man auch drei verschiedene Paprikasorten (getrennt) mit einer Zwiebel dünsten, durchpassieren und im Mixer durch Zugabe von gutem Olivenöl andicken.

Die klassische Füllung besteht immer aus einer Fleisch- oder Wurstfarce. Doch gibt es zum Beispiel eine sehr interessante Variante mit zerhackten Zucchini, Kakao, Eigelb, Zucker, Olivenöl und Amaretti.

Agnolotti piemontesi
Kleine gefüllte Nudeltaschen

Für den Teig:
250 g Mehl (halb Hartweizen-, halb Weißmehl)
2 Eier
3–4 EL Wasser
1 El Olivenöl
Salz

Für die Füllung:
200 g Schweinefleisch (aus der Schulter)
200 g Kalbsfleisch (aus der Schulter)
2 entbeinte Kaninchenschenkel
1 Zwiebel (kleingeschnitten)
1 Karotte (kleingeschnitten)
Rosmarin
etwas Butter
250 g gekochter Spinat
4 Eier
1–2 EL Crème frâiche
50 g geriebener Parmesan
Salz, Pfeffer und Muskatnuß

Zuerst aus den angegebenen Zutaten einen Nudelteig bereiten, gut durchkneten und einige Stunden ruhen lassen.

Die Fleischsorten grob zerkleinern, mit dem zerschnittenen Gemüse und dem Rosmarin in der Butter anbraten und langsam garen (1½ Stunden). Abkühlen lassen und mit dem Spinat durch den Fleischwolf drehen oder sehr fein pürieren. Mit den Eiern, der Crème frâiche und dem Parmesan zu einer cremigen Paste verrühren. Mit Salz, Pfeffer und Muskat abschmecken und kühlstellen.

Den Teig dünn ausrollen (per Hand oder mit der Pastamaschine) und circa 10 cm lange Platten auslegen. In die Mitte kleine Portionen von der Füllung setzen und darauf gleichlange Pastastreifen legen. Mit den Fingern den Zwischenraum festdrücken und danach mit einem Teigrädchen in Formen schneiden.
In ausreichend Salzwasser schütten und 6–7 Minuten kochen. Abschütten und abtropfen lassen.

Mit flüssiger Salbeibutter oder im Bratensaft servieren.

Sind die Agnolotti schon am Vortag bereitet worden, erhöht sich die Garzeit auf 10–15 Minuten.

Die Agnolotti haben eine zarte Füllung, und deshalb werden sie entweder mit zerlassener Butter und Salbei, mit braunem Fond oder mit der Bratensoße des Fleisches gegessen; niemals aber mit einem pikanten Tomatensugo. Ohne Soße, und das war früher schon Tradition, ißt man sie nur von einer weißen Stoffserviette. Vielerorts war und ist es heute noch Brauch, die Nudeltäschchen zum Garen an den Rand des immer heißen Herdes zu legen und jeden Gast damit zu begrüßen. In bäuerlichen Haushalten und dort, wo es nie an Wein mangelt, schwimmen die Agnolotti im warmen Dolcetto und man löffelt sie wie eine Suppe. Die Formen sind von Gegend zu Gegend unterschiedlich. Rechteckig oder quadratisch, auch schon mal rund, aber immer von ganz besonders kleinem Format und einem sehr dünnen Teig. Mit einer »Falte« in der Mitte macht man sie gern in der Langhe und dann heißen sie Agnolotti del plin.

Dieses sehr traditionelle Gericht darf im Piemont bei keinem größeren Essen fehlen und nicht selten werden mehrere Variationen hintereinander serviert.

Risotto con salsiccia ed asparagi
Risotto mit Wurst und Spargel

1 EL Zwiebel (feingehackt)
100 g Butter
6 grüne Spargelstangen
1 weiche Wurst (100 g), Luganaga oder ersatzweise
Bratwurst
300 g Rundkornreis für Risotto
0,6 l gute Fleischbrühe
50 g geriebener Parmesan
Salz und Pfeffer

In einem Topf die sehr feingehackte Zwiebel in
80 g Butter andünsten. Die Spargel gesäubert in
1 cm lange Stücke schneiden und zugeben. Danach
die Wurst mit einer Gabel leicht zerdrücken,
dazurühren und kurz dünsten. Den Reis
dazuschütten. Zwei Minuten rühren und einen
Schöpflöffel Fleischbrühe zugießen. Wenn die
Flüssigkeit vom Reis aufgenommen ist, erneut
Brühe nachgießen und so verfahren bis der Reis
fast gar ist. Nur wenn nötig, zwischendurch
umrühren. Mit Salz und Pfeffer abschmecken.
Wenn der Reis vollständig aufgequollen ist – er
muß dann noch Biß haben –, den Parmesan und
die restliche Butter dazugeben, kräftig
durchschütteln und sofort servieren.

Anatra con salsa di rosmarino
Ente in Rosmarinsoße

1 Ente
Salz und Pfeffer
2 große Salbeiblätter
2 Rosmarinzweige
1 große Knoblauchzehe
1 EL zerlassene Butter
Olivenöl zum Bestreichen
1 Zwiebel und 1 Karotte (kleingeschnitten)
etwas Rosmarin zum Anbraten

Für die Soße:
1 Glas Fleischbrühe
1 Glas süße Sahne
konzentrierte Fleischbrühe oder Fond
1 Tütchen Safran
3 Rosmarinzweige
1 TL Kartoffelmehl (wenn nötig)
Salz und Pfeffer

Die gesäuberte Ente innen salzen und pfeffern. 2
große Salbeiblätter, die Knoblauchzehe (mit dem
Handballen aufdrücken) und das Rosmarin
zusammen mit ½ Teelöffel Butter hineingeben,
zubinden und außen mit Öl und Butter
bestreichen.

In einer Kasserolle mit dem zerschnittenen
Gemüse bei schwacher Hitze leicht von allen
Seiten anbräunen und für 30 Minuten bei 200° C
zugedeckt im Ofen garen. Mehrmals mit dem Sud
begießen. Kurz bevor die Ente gar ist, den
Fleischsud abgießen und die Ente warmhalten.

Den Sud mit der Fleischbrühe, der Sahne, dem
Safran und dem sehr fein gehackten Rosmarin
verrühren und langsam eindicken lassen.
(Gegebenenfalls etwas Kartoffelmehl einrühren.)
Nach etwa 20 Minuten durch ein Sieb streichen
und mit Salz und Pfeffer abschmecken.

Die Ente tranchieren, mit der Soße übergießen
und sofort servieren.

Sella di coniglio
Kaninchenrücken

2 Scheiben durchwachsener Speck
1 Karotte
1 Zwiebel
1 Selleriestange
1 Rosmarinzweig
Olivenöl zum Anbraten
Butter zum Anbraten
1 Kaninchenrücken (für 2 Personen)
Salz und Pfeffer
1 Glas Weißwein (Arnais)

Speck, Karotte, Zwiebel, Sellerie und Rosmarin sehr klein hacken (wird für die Soße benutzt) und in Öl und Butter anrösten. Das Fleisch zugeben und von allen Seiten anbraten. Salzen und pfeffern. Danach für circa 30–40 Minuten bei 160–170° C zugedeckt im Backofen garen. Zwischendurch nachschauen und umdrehen. Dreimal von dem Weißwein zugießen.

Vor dem Servieren mit Salz und Pfeffer abschmek- ken, das Fleisch aufteilen und mit jungen Artischocken oder verschiedenen Gemüsesorten servieren.

Lidia schlägt gratinierte Kartoffeln vor für die, die kein Gemüse mögen.

Zabaione freddo con amaretti
Kalte Zabaione mit Amaretti

3 Eigelb
1 Ei
0,3 l Vino Moscato
60 g Zucker
150 g Amaretti (zerbröselt)
3 Blatt weiße Gelatine (4,5 g)
200 g süße Sahne

Die Eigelbe und das Ei mit dem Wein und dem Zucker verrühren und so lange unter Rühren erhitzen, bis die Masse dicklich wird. Die Gelatine kalt einweichen, ausdrücken und zufügen. Die zerbröckelten Amaretti unterrühren und erkalten lassen. Die Sahne steif schlagen und vorsichtig unterheben.

In Dessertförmchen umfüllen und mindestens 4 Stunden in den Kühlschrank stellen.

Für die Moscatocreme:
0,15 l Vino Moscato
2 gestrichene TL Kartoffelmehl (10 g)
2 gestrichene TL Zucker

Alles vermengen und bei schwacher Hitze rühren bis die Masse kleine Blasen schlägt. Erkalten lassen und durch ein feines Sieb streichen.

Für die Karamelsoße:
50 g Zucker und ca. 2 EL Wasser
0,2 l kaltes Wasser
1 EL Rum
2 gestrichene TL Kartoffelmehl

Zucker und 1–2 Eßlöffel Wasser karamelisieren. Das übrige Wasser mit Rum und Kartoffelmehl vermischen und zu dem Karamel rühren. Aufkochen lassen. Nach dem Abkühlen im Kühlschrank aufbewahren.

Auf große Dessertteller in die Mitte etwas Moscatocreme streichen, die gut gekühlte Zabaione darauf setzen und etwas Rumkaramel darüber tröpfeln.

Bunet piemontese
Piemontesisches Bonèt

100 g Haselnußplätzchen oder Amaretti
0,22 l Milch
80 g Sahne
50 g Kakao
1 EL Rum
2 Eier
1 Eigelb

Für die Karamelsoße:
60 g Zucker
2 EL Wasser

Die Plätzchen sehr fein reiben und mit allen Zutaten gut vermischen und durchmixen. Karamelsoße bereiten und etwas davon in die Dessertförmchen füllen. Die Puddingmasse darauf verteilen und 40–50 Minuten bei 150° C im vorgeheizten Ofen im Wasserbad garen.

Erkalten lassen und für einige Stunden im Kühlschrank kühlen. Man kann das Bonèt aber auch warm servieren.

Für die Englische Creme:
½ l Milch
1 Vanillestange (der Länge nach aufgeschlitzt)
4 Eigelb
150 g Zucker
1 gehäufter EL Mehl

Die Milch mit der Vanillestange aufkochen. Die Eigelbe mit dem Zucker verrühren und das Mehl einsieben. Die Vanillemilch unter Rühren zur Eiermasse geben, das Ganze in den Topf zurückschütten und unter Rühren vorsichtig einige Minuten köcheln lassen. Vanilleschote entfernen und die Creme erkalten lassen.

Auf einen großen Dessertteller gibt Ugo in die Mitte einen Eßlöffel der englischen Creme, setzt das Bonèt hinein und mit einer Karamelsoße, die er aus einer spitzen Papiertülle spritzt, verziert er den Tellerrand. In die Zwischenräume streut er kleine geröstete Haselnuß- oder Mandelstücke.

Composta di frutti in salsa di limone e mirtilli
Fruchtspeise in Zitronen- und Heidelbeersoße

300 g verschiedenes Obst (am besten saftige
Früchte: z. B. verschiedene Beerensorten oder
Erdbeeren und Kiwis)
50 g Zucker
0,1 l süßer Vino Moscato
2½ Blatt Gelatine (4 g; weiß oder rot, je nach
Obstsorten)

Für die Soße:
Saft von 3 Zitronen
0,1 l Wasser
100 g Zucker
50 g Heidelbeeren
1 gestrichener EL Kartoffelmehl
Früchte zum Garnieren

Das Obst in möglichst gleichgroße Würfel
schneiden und mit dem Zucker und dem Wein 1–3
Minuten kochen (je nach Obstsorte). Blattgelatine
kalt einweichen, leicht ausdrücken und zu dem
Obst rühren. In die Dessertförmchen umfüllen
und mindestens 4–5 Stunden kühlstellen.

Für die Soße: Alle Zutaten kalt miteinander
vermischen und kurz aufkochen. Abkühlen lassen
und dann im Kühlschrank bis zum Verbrauch
aufbewahren.

Alle Nachspeisen werden von Lidias Sohn Ugo
zubereitet. Mit viel Phantasie denkt er sich immer
wieder neue Tellerdekorationen aus. In die Mitte
der Dessertteller verteilt er etwas von der Soße
und mit der Rückseite eines Eßlöffels verstreicht
er sie von innen nach außen. Die gekühlte
Fruchtspeise nimmt er vorsichtig aus den
Förmchen und setzt sie jeweils an den Rand in die
Soße.

Mit einer Messerspitze taucht er in einen dunklen,
etwas dicklichen Fruchtsaft ein und läßt von oben
wenige Tropfen davon auf die helle Soße kleckseln.
Zum Abschluß wird das Dessert noch mit einigen
Früchten garniert.

Wenn man kräftig schmeckendes Obst verwendet
und keinen Moscato zur Hand hat, kann man ihn
durch Zitronensaft ersetzen oder auch einen
anderen hellen süßlicheren Wein benutzen.

Weinempfehlung zu diesem Menü

von Sohn Piero Alciati, Sommelier

Piero empfiehlt zu den Antipasti seiner Mutter einen *Spumante Classico Extra Brut*, einen Schaumwein mit einer langen piemontesischen Tradition, oder einen *Arneis* aus dem Roero-Gebiet, bekannt für seine herrliche stroh-gelbe Farbe, oder einen *Chardonnay*, der auf den Hügeln der Langhe wächst – einen herrlichen, frischen Weißwein mit elegantem Charakter.

Die beiden Primi Piatti serviert Piero mit zwei trockenen Rotweinen, einem *Barbera* aus *Asti* oder einem *Barbera* aus *Monferrato.*

Zu den Hauptgerichten läßt sich gut der rote *Freisa secco* oder ein *Barbaresco* mit dem leicht samtigen herben Geschmack trinken.

Bei den drei Desserts stehen zur Auswahl ein Glas *Moscato,* der wie kaum ein anderer zu den piemontesischen Süßspeisen paßt, oder ein Glas *Asti Spumante* oder der *Brachetto,* ein süßlicher weicher und leicht moussierender, rosafarbener bis hellroter Wein.

Filetto di tacchina marinato
Mariniertes Truthahnfilet

6 Truthahnfilets
Saft von 4 Zitronen
¼ l Olivenöl
Mehl
Öl zum Anbraten
5 dicke Kapern
3 Sardellen
50 g kleine schwarze Oliven
etwas Wasser

Die Filets für 12 Stunden in Zitronensaft und Öl legen. Danach herausnehmen, leicht abtropfen lassen, in Mehl wenden und im Öl in einer Pfanne anbraten. Wenn die Filets gar sind, herausnehmen. Kapern, Sardellen und Oliven mit etwas Wasser 1 Minute aufkochen. Die Filets in schmale Scheibchen schneiden, kurz in der Kapern-Sardellen-Oliven-Soße wenden und sofort servieren.

Lidia richtet die Fleischscheiben auf einigen Salatblättern an und reicht sie als Antipasto.

Vitello tonnato
Kalbsfleisch in Thunfischpaste

Für die Paste:
200 g Thunfisch (aus der Dose)
2 EL Weißweinessig
10 Kapern
2 Sardellenfilets
130 g Mayonnaise (selbstgemacht)

½ Zwiebel
½ Karotte
1 Selleriestange
1 kleiner Rosmarinzweig
3 EL Olivenöl
100 g Butter
800 g Kalbfleisch (Filet- oder Nußstück)
1 Schöpflöffel Fleischbrühe
Salz und Pfeffer

Für die Paste:
Alle Zutaten miteinander zu einer cremigen Paste mixen, zum Schluß die selbstgemachte Mayonnaise unterziehen und kühlstellen.

Zwiebel, Karotten, Sellerie und Rosmarin zerkleinern und kurz in Öl und Butter anrösten. Danach das Fleisch von allen Seiten anbraten und mit einem Schöpflöffel Fleischbrühe begießen. Im vorgeheizten Backofen circa 20 Minuten bei 180° C garen. Die Garzeit hängt sehr von der Fleischsorte und -qualität ab. Es muß rosa sein!

Lidia nimmt *girello*, ein sehr zartes Stück vom Milchkalb, und sie kocht es nicht, wie man es auch heute noch in vielen Restaurants macht.

Erkaltet schneidet Lidia das Fleisch in sehr dünne Scheiben und bestreicht sie mit der Thunfischpaste. Mit kleingehackten Kapern und den kleinen ligurischen Oliven garniert sie die Teller.

Früher wurde das Kalbfleisch viel zu lange gekocht, es war ausgelaugt und hatte dann kaum mehr Geschmack. Heute wird es vielfach kürzer gegart, und manchmal mariniert man es vorher noch. Ursprünglich hieß dieses Gericht *vitel tonné*. Es war aber eher eine Art Schmorbraten mit Kapern und Sardellen, die geschmacklich überwogen. Das Vitello tonnato gehört heute zu den traditionellen Antipasti im Piemont, das Originalrezept (mit anderen Zutaten) jedoch stammt aus der Lombardei.

Mousse di fegatini d'anatra
Entenlebermousse

150 g Butter
150 g Entenleber
150 g Crème fraîche
Salz und Pfeffer
Weißer Trüffel nach Geschmack
Gemüse zum Bestreuen (gewürfelt)

In einem Teelöffel Butter die Leber kurz anbraten. Erkaltet mit der restlichen Butter und der Sahne in einem Mixer pürieren. (Sehr vorsichtig!) Mit Salz und Pfeffer abschmecken. In eine schmale Mousseform umfüllen und einige Stunden kühlstellen.

Mindestens 1 Stunde vor dem Servieren herausholen, in Scheiben schneiden und mit sehr fein gewürfeltem Gemüse dekorieren.

Lidia schneidet Landbrot in gleichgroße viereckige Stücke, röstet diese in Butter und bestreicht sie noch lauwarm mit der Mousse. Der Trüffel wird nach Wunsch am Tisch darübergehobelt.

Panna cotta
Gekochte Sahne

1000 g süße Sahne (Mindestgehalt 35% Fett)
2 EL Zucker
1 Vanillestange (der Länge nach aufgeschlitzt)
4–5 Blatt weiße Gelatine (6 g)
1 EL starker Rum

Karamel für das Obst:
2 EL Zucker
2 EL Wasser
Erdbeeren, Birnen, Orangen, Pfirsiche

Die Sahne mit dem Zucker und der Vanillestange aufkochen. Die Blattgelatine in kaltem Wasser einweichen, im Wasserbad schmelzen und zu der Sahne rühren. Den Rum zufügen und die Vanillestange entfernen. Die Cremespeise in vorbereitete Förmchen füllen und einige Stunden kühlstellen.

Die Karamelsoße bereiten. Dann die zerkleinerten Fruchtstücke darin eintauchen und auf einem Dessertteller anrichten. In die Mitte die Panna cotta setzen und mit der restlichen Karamelsoße verzieren.

Dieser Nachtisch gehört mit zu den traditionsreichsten und ist in seiner Grundzusammensetzung fast immer gleich. Mehr oder weniger verfeinert gibt es ihn entweder mit frischem Obst oder nur mit Karamel- bzw. Krokantsoße.

ESTATE   Claudia Verro
RISTORANTE
„LA CONTEA"
in NEIVE

Claudia Verro

»Schuld daran, daß es mich hier im La Contea gibt, ist allein mein Mann. Ja, es ist Tonino gewesen, der die Initiative ergriffen hat, im Juli 1977 hier in Neive ein solches Restaurant aufzubauen. In dem Haus des großen Weinproduzenten Bruno Giacosa führten zwei alte Leute eine Gastwirtschaft, die sehr heruntergewirtschaftet war. Sie hatten keine Lust mehr. Ein halbes Jahr hat es gedauert, bis wir uns dann entschlossen haben einzusteigen. Tonino versteht viel von Wein, er hat immer in diesem Metier gearbeitet. Es gab nur ein Problem: Ich hatte wenig Ahnung vom Kochen, denn mein Job war ein völlig anderer. Meine Mutter war außer sich, als sie von unserem Entschluß erfuhr. Sie rief Tonino an und erklärte ihm, ich hätte noch nie ein Ei gekocht. Ich mußte es also lernen, und zwar schnell. Was gute Küche bedeutet, wußte ich von meiner Mutter, denn gut gegessen haben wir zu Hause immer. Mama ist eine hervorragende Köchin und kocht sehr traditionsbewußt. Doch das reichte nicht aus. Ich mußte feststellen, daß mir das Professionelle fehlte, weshalb ich unter anderem zu Gualtieri Marchesi nach Mailand gegangen bin. Doch viele wichtige Dinge habe ich von einer der Köchinnen gelernt, die bei den Conti Riccardi Candiani, den Besitzern des Kastells hier in Neive, tätig war. Maggiorina hat mir ihr altes, handgeschriebenes Kochbuch mit allen wichtigen Aufzeichnungen vererbt: Vor zwei

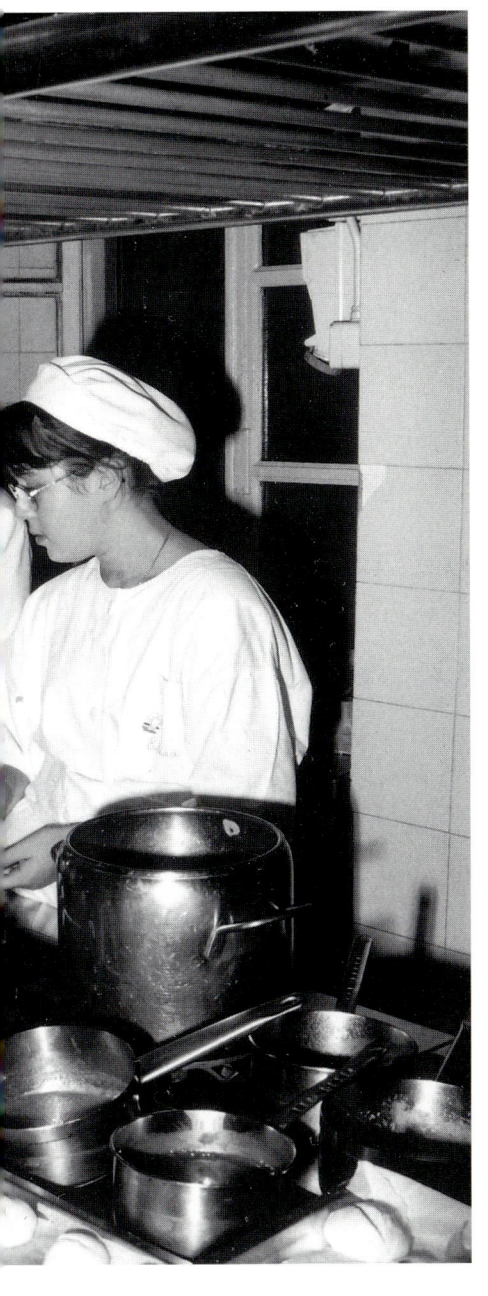

Wochen ist sie 89jährig gestorben. Sie war sehr glücklich darüber, daß wir uns entschlossen hatten, die Tradition der piemontesischen Küche zu folgen.«

Claudia konnte so alle Tips und Tricks erfahren und auch viele längst vergessene Rezepte ausprobieren, die heute fester Bestandteil ihrer Menüs sind. Es waren aber auch die Frauen des Dorfes, die Claudia bei ihren Recherchen unterstützten. Denn sie dienten in den großen Familien und kochten bei allen Hochzeiten. Über Generationen haben sie sich mit den besten und traditionsreichen Rezepten ausgerüstet. Es war alles da, Claudia brauchte sich nur umschauen und aus der Reichhaltigkeit schöpfen. Doch sie mußte die veralteten Rezepte ändern, damit sie in unsere heutigen Bäuche paßten. Vor allem aber sollten sie in einem größeren Menü harmonieren. Man weiß ja, wie früher gegessen wurde: viel Schmalz und kaum ein Gericht ohne Schweinefleisch. Vollgefüllte Teller waren und sind nun einmal wichtig in bäuerlichen Regionen; vor allem dann, wenn man sich ab und zu ein Essen im Restaurant leistete.

Und so hat sich Claudia von Anfang an bemüht, viel Gemüse, frische Kräuter und keine schweren Soßen anzubieten. Markteinkäufe sind selten bei den Verros, denn in ihren Gärten bauen sie fast alles an, was in ihrer Küche verarbeitet wird: Tomaten,

Paprika, Zucchini, Schalotten, Salate und sehr viele Kräuter; Spargel und Erdbeeren, die jedoch nie ausreichen; Aprikosen, Kirschen, Susinen und Feigen, Pflaumen und die besten Weinbergpfirsiche, die ich je gegessen habe.

»Tonino kennt verschiedene Metzger, er kümmert sich deshalb um den Einkauf von Fleisch, Würsten und Schinken. Das Geflügel holt er direkt beim Bauern. Brot, Gebäck und alle Kuchen backen wir selbst.« Vieles, was aus dem Garten kommt, kocht Claudia ein: köstliche Marmeladen, die Peperonata, den Tomatensugo, auch die einzigartige Cognà, die zum Käse serviert wird. In der gerade eröffneten Enoteca gegenüber der Contea gibt es ein reichhaltiges Angebot an Weinen der Region, aber auch italienische und natürlich internationale Weinsorten sind erhältlich. Die selbstgemachten Spezialitäten (Nußtorte, eingelegter Käse, piemontesisches Gebäck, Salami und vieles andere) sind zu kaufen.

Claudias großer Lehrmeister und guter Freund Giovanni Goria ist Anwalt in Asti, dazu ein sehr belesener und in Koch- und Küchenfragen recht versierter Mann. Mit ihm richtet sie heute noch Kurse aus, beispielsweise an der »Università della terza età«, für Frauen und Männer »im dritten Lebensabschnitt«. Aber auch von ausländischen Köchen habe sie einiges gelernt. Viele kamen in den letzten Jahren, um bei ihr zu arbeiten und Einblick in ihre Küche zu bekommen. »Ich erkläre ihnen gleich zu Anfang: È una cucina semplice, ma di buona qualità.« Und an dieser einfachen piemontesischen Küche mit guter Qualität hat Claudia in den letzten Jahren viel gearbeitet. Es ist spannend, zu beobachten, wie diese sympathische, sehr natürliche und eher ruhige, ausgeglichene Frau ihr Temperament entfaltet und kreativ wird, sobald sie in der Küche steht. Ihre Sprache, »piemunteis« (Dialekt), sprechen auch die Köchin und der Jungkoch, die aus der Gegend kommen.

Für Nachwuchs haben Claudia und Tonino auch gesorgt. Nach sieben Ehejahren kam Elisa, an der sie heute schon eine große Stütze haben. Sie geht zwar noch zur Schule, aber durch ihr Interesse für die Küche verbringt sie doch recht viel Zeit in der Contea. Momentan ist jedoch ihr größtes Vergnügen der kleine Bruder Alessandro.

In dem sehr schönen, gastlichen Haus »La Contea« haben Claudia und Tonino acht Zimmer für ihre Gäste eingerichtet. Kochseminare für acht bis zehn Personen führen sie von Ende November bis vor Weihnachten durch. Hier wird alles aufgetischt, was die herbstliche Küche zu bieten hat, wobei die weißen Trüffel dominieren.

Wie gut und schnell Claudia kochen gelernt hatte, sollte auch ihre Mutter sehr bald erfahren. Als ihr Lehrerkollegen vorschwärmten, wie ausgezeichnet sie in der Contea gegessen hätten, war sie jedoch spontan der Überzeugung, ihre Tochter habe nicht selbst gekocht, sondern sich die besten Köche der Region eingestellt.

Menù d'estate

SOMMERMENÜ
von
Claudia Verro

ANTIPASTI

Erste Vorspeise	Tonno di coniglio
Zweite Vorspeise	Carne cruda
Dritte Vorspeise	Tartrà con tartufo marinato

PRIMI PIATTI

Ein Nudelgericht	Maltagliate alle erbe
Eine Suppe	La minestra del »bate l'gran«

SECONDI PIATTI

Erstes Hauptgericht	Controfiletto al rosmarino
Zweites Hauptgericht	Pollo alla cacciatora

DOLCI

Erstes Dessert	Le pesche di vigna al forno
Zweites Dessert	Carlotta di albicocche
Drittes Dessert	Semifreddo al torrone

Tonno di coniglio
Eingelegtes weiches Kaninchen

1 küchenfertiges Kaninchen (jung und gut genährt)
1 Bund Suppengemüse (Karotten, Zwiebel, Sellerie,
Lorbeerblätter, Rosmarin, Petersilienstengel)
Salz und Pfeffer
30 frische Salbeiblätter
30 Knoblauchzehen
½ l bestes Olivenöl

Das küchenfertige Kaninchen in Stücke aufteilen, mit dem Gemüse bedecken, ganz wenig salzen und kochen. Das Kaninchen soll noch Biß haben, sich gut von den Knochen lösen, aber nicht auseinanderfallen. In der Brühe erkalten lassen.

Zwischendurch die Salbeiblätter vorbereiten, wenn nötig waschen und gut trocknen. Die Knoblauchzehen schälen.

Das Kaninchen ausbeinen und in kleine Stücke aufteilen.

In eine flache, längliche Terrine etwas Öl gießen, eine Lage Kaninchenfleisch darauflegen, 8 Knoblauchzehen und 15 Salbeiblätter darüber verteilen, salzen und pfeffern, nochmals Olivenöl übergießen und so verfahren bis alles eingeschichtet ist. Leicht andrücken und das Fleisch zum Schluß mit reichlich Öl bedecken.

Nach Möglichkeit nicht im Kühlschrank, aber an einem kühlen Ort bewahrt Claudia nun das Kaninchen für 2–3 Tage auf. Nach einem Tag gießt sie, wenn nötig, noch etwas Öl zu. Wenn Claudia das Gericht serviert, breitet sie einige Salatblätter auf den Tellern aus und besprenkelt sie mit Salatsoße. Vom Kaninchenfleisch streift sie das Öl ab, entfernt Knoblauch und Salbeiblätter und legt in die Mitte eine Portion von dem zarten weißen Kaninchenfleisch. Zum Schluß wird frischer Pfeffer darüber gemahlen.

Haben Sie das Kaninchen im Kühlschrank aufbewahrt, sollten Sie es einige Stunden vor dem Essen herausnehmen, damit sich das Öl leichter abstreifen läßt.

Tonno heißt auf italienisch Thunfisch. Doch in diesem Rezept kommt er nicht vor. Dafür gibt es eine Erklärung: In der ländlichen, piemontesischen Bevölkerung steht der Begriff »tonno« für alles, was besonders zart und weich ist, also auf der Zunge zergeht. Und dieses Kaninchen ist, wenn es tagelang im Öl liegt ganz besonders zart.

Früher aß man es so zubereitet als Hauptgericht. Es war ein ideales Essen vom Frühling bis in die Sommermonate. In den bäuerlichen Haushalten wurde es einmal in der Woche zubereitet und war stets fertig, wenn man müde von der Feldarbeit nach Hause kam. Nicht selten hat man aber auch die Reste vom sonntäglichen Kaninchenbraten so eingelegt und sie als *merenda* (Imbiß) gegessen.

Heute in der verfeinerten piemontesischen Küche wird »tonno di coniglio« gern als Antipasto serviert und fehlt selten in einem reichhaltigen Festessen.

Auch bei Claudia kann man »tonno di coniglio« vom Frühjahr bis in den Sommer auf der Speisekarte finden. Sie erklärt mir, daß die wenigen Zutaten, die verwendet werden von ganz besonders guter Qualität sein müssen. Zum Beispiel sollte man ein hervorragendes Olivenöl benutzen, und natürlich darf auch das Hauskaninchen nicht zu fett sein.

„TONNO DI CONISLIO"

Carne cruda
Tatar

Pro Person:
100 g rohes Kalbfleisch (am besten vom Filet)
ganz wenig Knoblauch oder Knoblauchöl
Zitronensaft
Salz und Pfeffer
1 Handvoll Feldsalat
nur bestes Olivenöl zum Beträufeln
1 TL feingeschnittener Stangensellerie
1 Rosmarinblüte zum Garnieren

Das Fleisch mit einem Messer fein zerhacken. Es
ist etwas mühsam, doch sollte man es nicht durch
den Fleischwolf drehen. Mit einem Hauch
Knoblauch oder Knoblauchöl, Zitronensaft sowie
Salz und Pfeffer abschmecken.

Feldsalatblätter auf die Teller verteilen, in die
Mitte das Fleisch legen und mit einer Gabel
Streifen ziehen. Mit gutem Olivenöl beträufeln,
die Selleriestückchen darüber streuen und eine
Blüte vom Rosmarinstrauch in die Mitte legen.

Tartrà con tartufo marinato
Eier-Sahne-Kräuter-Flan mit eingelegtem Trüffel

Für die Marinade:
1 Sommertrüffel
½ l Marsala

750 g Sahne
¼ l Milch
2 Sträußchen mit je 2 Lorbeerblättern,
1 Rosmarinzweig, 6 frischen großen Salbeiblättern
und 1 Petersilienzweig
1 große Zwiebel
100 g Butter
300 g grüner Spargel
300 g Borretsch oder Mangoldblätter
6 Eier
1–2 EL geriebener Parmesan
Salz und schwarzer Pfeffer
frisch geriebene Muskatnuß

Für die Soße:
0,1 l Trüffelmarinade
eiskalte Butter zum Binden
Salz

Einen gut abgebürsteten Trüffel in ein Glas legen
und mit Marsala auffüllen. Gut verschließen und
etwa 1 Monat durchziehen lassen. Kühl aufbewahren.

Die Sahne mit der Milch mischen, ein
Kräutersträußchen hineinlegen und einige
Stunden ziehen lassen.

Die Zwiebel in Scheiben schneiden, mit dem
zweiten grob zerhackten Kräutersträußchen in der
restlichen Butter anrösten und einige Minuten
dünsten. Danach gut durchmixen.

Die vorbereiteten Gemüse in Salzwasser garen. Erkaltet fein pürieren und mit der aromatisierten Sahne-Milch, den Eiern, dem geriebenen Käse und der gemixten Kräuterzwiebel verrühren. (Das Kräutersträußchen zuvor herausnehmen.)

Kräftig mit viel grob gemahlenem schwarzen Pfeffer, Salz und Muskatnuß abschmecken, in ausgebutterte Flanförmchen umfüllen und 40 Minuten im Wasserbad bei 130° C im vorgeheizten Ofen garen.

Für die Soße die Trüffelmarinade kurz aufkochen, mit der Butter binden und abschmecken.

Claudia dekoriert die Teller mit Salatblättern oder einem schönen Weinblatt, verteilt etwas von der Marinade, stürzt den Flan aus den Förmchen direkt in die Mitte und bestreut den Tellerrand mit Trüffelbröseln. Auf den Flan hobelt sie einige Scheibchen des eingelegten Trüffels und beträufelt sie mit der Marinade. Der Flan wird warm gegessen.

Anstelle des Spargels und des Borretschs kann man auch andere Gemüsesorten verwenden.

In die Marsala-Trüffel-Marinade können Sie immer wieder neue Trüffeln legen. Es gibt viele Verwendungsmöglichkeiten für diese Marinade.

Nicht nur die Betonung des Wortes *tàrtra* oder *tartrà* ist verschieden zwischen Asti und Albi, nein auch die Zutaten sind häufig unterschiedlich gewesen. Zwiebeln allerdings und schwarzer Pfeffer, das Lieblingsgewürz der »alten« Piemontesen, fehlten nie. Das ist bis heute so geblieben, nur daß die *tartrà* von damals mit der heutigen nichts mehr gemein hat. Diese, früher eher cremeartige Suppe hat eine lange Tradition und war vor dem Ersten Weltkrieg für kinderreiche piemonteser Familien immer eine Hauptmahlzeit. Im Laufe der Jahre hat man sie verändert. Keine Sahne sondern Milch wurde verwendet und die Eiermenge reduziert. Mehl gab ihr den breiigen Charakter. Manchmal wurde Lauch zugegeben und im Herbst hat man sie gern mit selbstgesammelten Steinpilzen gegessen. Die Regel war aber, daß man selbstgebackenes Brot mit Knoblauch eingerieben hat und in die Tartrà stippte. Es gab auch eine süße Variante.

Maltagliate alle erbe
»Schlechtgeschnittene« Nudeln mit Kräutersoße

Für den Pastateig:
500 g Hartweizengrieß
etwas Salz
15 Eigelb

Für die Soße:
Gemischte frische Kräuter: Petersilie, Rosmarin, Lorbeer, Salbei, Thymian, Minze, Stangensellerieblätter, Estragon und Schnittlauch
2 gehäufte EL kleingehackter Speck
2 Knoblauchzehen (feingehackt)
2 große Zwiebeln (feingehackt)
3–4 gehäufte EL selbstgemachte Tomatensoße oder
1–2 große frische Tomaten (enthäutet und entkernt)
Salz und Pfeffer
Olivenöl für die Nudeln
Parmesan zum Bestreuen

Für den Teig:
Die Zutaten gut durchkneten, zu einem glatten Nudelteig verarbeiten und kurz ruhen lassen.

Danach dünn ausrollen und als Teigplatten (25 cm breit) circa 1 Stunde bei warmem und 1½ Stunden bei feuchtem Klima trocknen lassen. Mit etwas Hartweizengrieß bestreuen. Nun legt man mehrere Platten aufeinander, rollt sie leicht zusammen und schneidet per Hand, an einer Seite beginnend, schräge ungleiche Stücke ab (im Zick-zack).

Bis zur Weiterverarbeitung Nudeln auf Küchentücher ausbreiten und mit Mehl bestäuben.

Für die Soße:
Alle Kräuter kleinhacken. Den Speck auslassen und leicht rösten. Den Knoblauch und die Zwiebeln darin dünsten. Die Kräuter zufügen, kurz erhitzen und die Tomatensoße oder -stückchen unterrühren. Mit Salz und Pfeffer abschmecken.

Die Nudeln in Salzwasser »al dente« kochen, abschütten und abtropfen lassen. In einer Pfanne mit dem Sugo kurz durchschwenken, bestes Olivenöl zugeben und nach Wunsch bei Tisch mit frisch geriebenem Parmesan bestreuen.

La minestra del »bate l'gran«
»Korndrescher«-Suppe

800–1000 g Rindfleisch (Schwanzstück)
4–5 Rinderknochen
1½ l Wasser
verschiedene Gemüse und Kräuter für die Brühe
Salz und Pfeffer
200 g Hähnchenleber
300 g selbstgemachte Fleischbällchen aus Rinderhack (Größe von Kichererbsen)
Butter
2 Salbeiblätter
1 Tasse selbstgemachte Tomatensoße (oder 1–2 EL gewürfelte Tomaten)
200 g selbstgemachte Tagliatelle (Eiernudeln)
Parmesan (gerieben)
1 EL gehackte Petersilie

Aus dem Schwanzstück, den Knochen, den Gemüsen und Kräutern eine gute Rinderbrühe bereiten. Mit Salz und Pfeffer würzen.

Die Hähnchenleber und die Fleischbällchen kurz in Butter und Salbei anbraten.

In die gut gewürzte und kräftige Fleischbrühe die Tomatensoße einrühren. Die selbstgemachten Eiernudeln in kleine Quadrate oder Rhomben schneiden und die gebackenen Fleischbällchen und Leberstücke hinzugeben. Wenn die Nudeln gar sind, mit geriebenem Parmesan bestreuen und servieren.

Für Claudia zählt diese Suppe zu ihren beliebtesten »primi piatti« in der Sommerzeit.

Die Fleischbällchen und die Hähnchenleber kann man bei einem reichhaltigen Menü auch weglassen.

Controfiletto al rosmarino
Rinderfilet mit Rosmarin

Auch diese klassische Suppe hat ihren Ursprung in bäuerlichen Regionen, vor allem in der Langhe. Die Bäuerinnen, die aus Erfahrung wußten, was für die Landarbeiter nahrhaft und richtig ist, haben sich diese Suppe ausgedacht. Der Flüssigkeitsverlust ist besonders bei denen sehr groß gewesen, die von Sonnenaufgang bis in den späten Abend draußen in staubiger Luft das Korn gedroschen haben. Zurück auf dem Hof wusch man sich am Brunnen den gröbsten Schmutz ab, setzte sich an den großen Eßtisch und wartete auf die Bäuerin, die mit dem großen Suppentopf kam. Natürlich löschte nicht nur die kräftige Suppe den Durst der Korndrescher. Ein guter Wein fehlte nie beim Essen.

Pro Person:
Olivenöl zum Anbraten
1 Knoblauchzehe
1 Rosmarinzweig
2 Lorbeerblätter
120–150 g Filet (oder Entrecôte)
Salz und Pfeffer

Das Olivenöl in einer Bratpfanne erhitzen. Knoblauch mit dem Handballen flachdrücken, mit Rosmarin und Lorbeerblättern in Öl einige Minuten anrösten und wieder herausnehmen.

Das gesalzene und gepfefferte Fleisch in dem aromatisierten Öl bei kräftiger Hitze auf jeder Seite je nach Fleischsorte und -dicke 3–5 Minuten anbraten. Das Fleisch soll innen rosa bleiben.

Das Fleisch in schmale (2 cm) Streifen schneiden, im Halbkreis auf einen Teller dekorieren und mit dem Bratsaft beträufeln.

In Butter geschwenktes und im Geschmack zartes Gemüse der Jahreszeit gibt es zum Controfiletto.

Manchmal serviert Claudia dazu eine Nußsoße, die sie so zubereitet:

1 Handvoll Haselnüsse
1 EL sehr fein gehackte Zwiebel
etwas Butter
1 Schöpflöffel Fleischbrühe
1 TL feingehackte Petersilie

Die Haselnüsse rösten und grob zerstoßen. Die Zwiebeln in Butter dünsten, die Nüsse zugeben und die Fleischbrühe zugießen. Kurz aufwallen und die Flüssigkeit etwas einkochen lassen. Zum Schluß die Petersilie zurühren.

Man kann die Soße so zu dem Fleisch servieren oder sie kurz mit dem Stabmixer aufschlagen.

Pollo alla cacciatora
Hähnchen auf Jägerart

1 küchenfertiges Landhähnchen (gesäubert und in
8 Teile zerlegt)
grobes Salz
Knoblauchzehen
1 Salbeizweig
2 dicke Zwiebeln
4 Knoblauchzehen
1 EL Rosmarinnadeln
2 Lorbeerblätter
1 TL Oregano
Olivenöl zum Anbraten
1 Schuß Weißwein
6 Tomaten
2 EL Paprikagemüse (peperonata)
Salz und Pfeffer
gehackte Petersilie zum Bestreuen

Die Hähnchenteile mit grobem Salz bestreuen,
Knoblauch mit dem Handballen flachdrücken und
zusammen mit einem Salbeizweig in einer
zugedeckten Pfanne bei schwacher Hitze 10
Minuten ziehen lassen, damit das Fett austritt.
Das Fleisch herausnehmen und den Pfanneninhalt
wegschütten.

Zwiebeln, Knoblauchzehen und die Kräuter kleinhacken. In einer Pfanne im Olivenöl anbraten und
darin das Hähnchen bei starker Hitze von allen
Seiten bräunen. Mit Weißwein ablöschen und
verdampfen lassen. Bei schwacher Hitze etwa 40
Minuten garen.

Die Tomaten häuten, entkernen, in kleine Stücke
schneiden und zusammen mit dem Paprikagemüse
zu dem Fleisch geben. Nochmals kurz aufkochen,
mit Salz und Pfeffer abschmecken und mit
Petersilie überstreuen.

Zu dem Hähnchen gibt es in Milch gekochte und
im Ofen überbackene Kartoffeln:

1 kg festkochende Kartoffeln
½ l Milch
2 kleine Karotten
2 kleine Selleriestangen
2 kleine Zwiebeln
1 Rosmarinzweig
1 TL Thymian
Salz, Pfeffer, Muskat
4 EL Parmesan (gerieben)

Kartoffeln schälen, in Scheiben schneiden, in
einem großen Topf mit Milch bedecken und zum
Kochen bringen. In der Zwischenzeit Karotten,
Selleriestangen und Zwiebeln in Scheiben
schneiden, Rosmarin und Thymian kleinhacken
und mit Salz, Pfeffer und Muskatnuß
abschmecken. Bei schwacher Hitze 40–60
Minuten köcheln. Die Garzeit hängt von der
Kartoffelsorte ab. Man sollte zwischendurch
prüfen.

Wenn die Kartoffeln fast gar sind, ist die Milch
eingekocht. Man schüttet nun alles auf ein tiefes
Backblech oder in eine große Auflaufform und
überstreut mit geriebenem Parmesan. Für 15
Minuten bei 220° C zum Überbacken in den Ofen
schieben.

Claudia legt großen Wert darauf, in ihrer Küche
stets nur selbstgefertigte Produkte zu benutzen. So
macht sie zum Beispiel ihre Tomatensoße und
auch die Peperonata selbst ein. Wer keine
Peperonata zur Hand hat und rohe Paprika
benutzt, muß sie früher zu dem Hähnchen geben.

Le pesche di vigna al forno
Überbackene Weinbergpfirsiche

10 reife, gelbe Weinbergpfirsiche

Für die Füllung:
4 EL Zucker
6 große Amaretti (zerbröselt)
3 EL Kakaopulver
2 EL Rum
3 Eigelb
1 TL Butter
einige Miniamaretti
etwas Kakaopulver zum Dekorieren

Für die Creme:
½ l Milch
einige Pfirsichblätter vom Baum
8 Eigelb
6 EL Zucker

Die Pfirsiche sollen festes Fleisch haben, sich aber gut vom Kern lösen lassen.

Die Früchte halbieren, Kerne entfernen und die Fruchthälften mit einem kleinen Löffel großzügig aushöhlen. Dieses Fruchtfleisch zerdrücken und zusammen mit Zucker, Amaretti, Kakao, Rum und den Eigelben verrühren. In die Pfirsichhälften einfüllen und mit den restlichen Amaretti bestreuen. Kleine Butterflöckchen daraufsetzen und 40–50 Minuten bei 150° C im vorgeheizten Ofen überbacken.

Für die Creme:
Die Milch mit den Pfirsichblättern aufkochen. Die Eigelbe mit dem Zucker schlagen und langsam in die Milch einrühren. So lange unter Rühren erwärmen, bis eine cremige Masse entsteht. Zum Schluß die Blätter entfernen.

Auf einem großen Dessertteller verteilt Claudia etwas von der hellen Creme, setzt einen halben Pfirsich in die Mitte und dekoriert mit kleinen selbstgebackenen Amaretti und etwas Kakaopulver.

Dieser köstliche Nachtisch, bei dem die Qualität der Pfirsiche wichtig ist, hat wirklich noch etwas Authentisches. Nichts daran kann verfälscht werden.

Carlotta di albicocche
Aprikosencharlotte

Für den Biskuit:
5 Eier
250 g Zucker
1 EL Honig
½ TL Backpulver
250 g Mehl
50 g Kartoffelmehl
etwas abgeriebene Zitronenschale
1 kg Aprikosen (halbiert und entkernt)
100 g Zucker
1 Stück Zitrone
ein paar Aprikosenkerne
einige EL Wasser
etwas piemontesischen Rotwein und Rum

Für die Creme:
4 Eigelb
60 g Mehl
125 g Zucker
½ l Milch
abgeriebene Zitronenschale von ½ Zitrone

Eier, Zucker, Honig und Backpulver mit dem Handmixer mindestens 10–15 Minuten schlagen. Mehl und Kartoffelmehl mischen und zusammen mit der abgeriebenen Zitronenschale langsam unterrühren. Den Biskuitteig 15–20 Minuten bei 200° C im vorgeheizten Backofen backen. Erkalten lassen.

Die fleischigen und reifen Aprikosenhälften in einigen Eßlöffeln Wasser mit Zucker, Zitrone und einigen aufgeklopften Kernen kurz kochen. Das Obst abkühlen lassen.

Für die Creme:
Eigelbe mit Mehl und Zucker verrühren. Milch erhitzen, beim Aufkochen vom Herd nehmen und zu den Eigelben schütten. Gut durchschlagen, zurück auf den Herd stellen und 1–2 Minuten kochen lassen. Geriebene Zitronenschale dazugeben.

Die Kochflüssigkeit von den Aprikosen mit etwas Rotwein und Rum vermischen und den Biskuitboden leicht damit tränken.

In eine runde oder rechteckige Auflaufform einige Tropfen Öl verstreichen, eine Klarsichtfolie hineinlegen und den in Stücke geschnittenen Kuchen damit auslegen.

Die Aprikosen leicht andrücken, auf den Kuchen legen, etwas Creme darüber verstreichen und im Wechsel so weiter verfahren bis die Form gefüllt ist. Leicht andrücken, mit der Folie verschließen und für einige Stunden kühlstellen.

Claudia serviert die Charlotte mit einer Zabaione:

2 Eigelb
2 EL Zucker
½ Eierschale brauner Rum
3 halbe Eierschalen Rotwein (Barbaresco) oder Marsala

Die Zabaione im Wasserbad oder direkt im Topf bei schwacher Hitze schlagen.

Die Charlotte aufschneiden, auf Desserttellern anrichten, etwas von der Zabaione übergießen und mit frischen Früchten garnieren.

Semifreddo al torrone
Torroneparfait

400 g harten Haselnußtorrone
4 Eier
1 Prise Salz
1 Schuß kräftig schmeckender Rum
1 EL Honig
500 g süße Sahne

Den harten Nußtorrone in eine Plastiktüte geben und mit einem schlagfesten Gegenstand, am besten einem Fleischklopfer, »zertrümmern«. Man kann es auch mit einem starken Mixer versuchen.

Die Eier trennen und das Eiweiß mit Salz steif schlagen. Den zerbröckelten Torrone mit dem Rum, den Eigelben und dem Honig verrühren. Die Sahne sehr steif schlagen und unter die Torronecreme heben. Zum Schluß das Eiweiß unterziehen.

Schmale Eisschalen oder eine Terrinenform mit Klarsichtfolie auslegen und die Masse einfüllen. Für 6 Stunden ins Gefrierfach stellen.

Claudia zeigt mir zwei Dekorationsvorschläge:

1. Sie bestreut die Teller mit gerösteten und zerstoßenen Haselnüssen, legt eine Scheibe Torroneparfait in die Mitte und beträufelt das Ganze im Gittermuster mit einer Karamelsoße.

2. Sie stellt eine Kaffeezabaione her, verteilt 2 Eßlöffel davon in die Mitte der Teller und legt darauf das Parfait. An drei Stellen verstreut sie etwas Kaffeepulver und garniert mit frischem Obst.

Für die Zabaione nimmt Claudia:

2 Eigelb und 2 Eßlöffel Zucker sowie eine volle Tasse Espresso. Eigelbe, Zucker und Kaffee mit dem Schneebesen in einer Kasserolle schlagen bis Blasen entstehen. Dann unter ständigem Schlagen erwärmen, bis die Zabaione cremig ist.

Torrone ist eine süße Spezialität aus dem Piemont und wird aus Honig, Zucker, Haselnüssen und Eiweiß hergestellt. Es ist sowohl hart als auch weich im Handel und wird in manchen Gegenden (Frankreich) auch als Nougat bezeichnet.

Weinempfehlung zu diesem Menü
von Ehemann Tonino Verro, Maître und Sommelier

Einen *Arneis*, der aus der weißen gleichnamigen Traube gewonnen wird, oder einen *Chardonnay*, jenen relativ jungen Weißwein unter den zahlreichen piemontesischen Weinen, reicht Tonino Verro zu den Antipasti seiner Frau.

Bei den Primi Piatti empfiehlt er einen *Dolcetto*, der einstmals für die Piemontesen der typische Wein für jeden Tag gewesen ist. Im Gegensatz zu seinem Namen ist es kein süßlicher Rotwein. Zur Auswahl bietet der Maître einen *Nebbiolo* an, einen rubinroten, trockenen Wein.

Der *Barbaresco,* ein trockener, eleganter Rotwein mit einem leichten Veilchengeruch, ist ideal für die Hauptspeisenfolge von Claudia. Es empfiehlt sich auch ein *Barbera in Barrique*, ein sehr farbintensiver Rotwein mit hoher Säure und geringem Tannin.

Beim Dessert gißt Tonino Verro seinen Gästen ein Glas *Moscato* ein.

Piccola marmitta nobile di fine 800
Kleine Suppe

Pro Suppentasse:
1 großer Schöpflöffel kräftige Fleischbrühe
1 TL gemischte, feingehackte Kräuter (Estragon,
Rosmarin, Lorbeer, Petersilie, Salbei, Basilikum
und etwas Thymian)
einige Scheiben schwarzer Trüffel
etwas Parmesan (gerieben)
1 TL Tomatensoße
½ Platte Tiefkühl-Blätterteig (aufgetaut)
1 Eigelb

Einen großen Schöpflöffel einer kräftigen
Fleischbrühe in eine Suppentasse füllen. Von den
sehr fein gehackten Kräutern einen Teelöffel
zugeben, einige Trüffelscheiben darüberhobeln
und selbstgemachte Tomatensoße mit etwas
Parmesan dazurühren.

Den aufgetauten Blätterteig 5 mm dick ausrollen
und eine Scheibe ausstechen. Sie muß etwas
größer sein als die Suppentassenöffnung. Den
Rand der Tasse mit etwas Eigelb einpinseln, das
Teigstück auflegen, 1–2 cm über den Rand ziehen,
festdrücken, damit die Haube sich beim Backen
nicht löst. Danach die Teigoberfläche mit Eigelb
bestreichen. In dem vorgeheizten Ofen 20–25
Minuten bei 200° C backen. Die Oberfläche soll
leicht bräunlich werden.

Uova in camicia – zucchini e cotolettine in carpione
Eier im Hemd – marinierte Zucchini und Kalbsschnitzel

Essigwasser mit 1 Prise Salz (pro Liter
Wasser 3–4 EL weißer Essig)
6 frische Eier
500 g Zucchini
1 Rosmarinzweig
1 Knoblauchzehe
3–4 EL Olivenöl
6 kleine Kalbsschnitzel
Panade für 6 Schnitzel

Für die Marinade:
1 große Zwiebel
1 Selleriestange
1 kleine Karotte
Blätter von 2 Salbeizweigen
2–3 Lorbeerblätter
10 Knoblauchzehen
1 EL Olivenöl
1 Glas Weißweinessig
½ l Weißwein
1 EL Zucker
Salz und Pfeffer
1 große Schöpfkelle Fleischbrühe

Gesalzenes Essigwasser in einer tiefen Pfanne zum Kochen bringen; Hitze reduzieren. Die Eier vorsichtig aufschlagen und nacheinander in das Wasser gleiten lassen. Sie müssen unbedingt frisch sein, sonst laufen sie auseinander. Einige Minuten sieden, wobei das Eigelb noch weich sein soll. Die Eier vorsichtig mit der Schaumkelle herausnehmen, erkalten lassen und in eine große Terrine legen.

Die Zucchini säubern und der Länge nach in schmale Streifen schneiden. Knoblauch und Rosmarin kleinhacken und mit den Zucchini in etwas Öl anbraten. Die kleinen Schnitzel panieren, im restlichen Öl braten und mit den Zucchini zum Aufsaugen auf Küchenkrepp legen.

Für die Marinade:
Zwiebel, Sellerie und Karotte grob zerkleinern, Salbeiblätter mit den Lorbeerblättern hacken,

Knoblauchzehen schälen, mit dem Messerrücken leicht andrücken und alles in Öl anbraten. Weißweinessig zugießen und verdunsten lassen. Den Wein zuschütten und aufkochen. Zuckern, salzen und pfeffern. Bei schwacher Hitze 15 Minuten köcheln lassen.

Die Zucchini und Schnitzel zu den Eiern legen, die Marinade und die Fleischbrühe übergießen und 1–2 Tage an einem kühlen Ort stehen lassen.

Als Variation und wenn dieses Gericht als Hauptgang serviert wird, kann man noch kleine Fleischbällchen mit Petersilie, Knoblauch und Minze oder Kaninchen- und Hähnchenbrüste oder auch Auberginenscheiben mit in die Marinade legen.

Ein wunderschönes Antipasto für Sommermonate, das auch aus der bäuerlichen Küche stammt, gut vorbereitet werden konnte, aber fast immer als Hauptmahlzeit gegessen wurde.

Claudia bietet dazu eine *salsa verde* an:

1 große Scheibe Landbrot
1 Knoblauchzehe
1 großer Bund glatte Petersilie (feingehackt)
1 großer Bund Basilikum (feingehackt)
10 Kapern
2 kleine Sardellen oder 3 Sardellengräten
1 Peperoncino
1 EL Tomatensoße
Olivenöl
Salz

Das Brot zerbröckeln (die Rinde nicht verwenden) und mit sehr feingehacktem Knoblauch, Petersilie und Basilikum, den Kapern, einem zermahlenen Peperoncino, den fein zerriebenen Gräten oder zerdrückten Sardellen, mit der Tomatensoße und so viel Olivenöl verrühren, daß es eine dickliche Soße ergibt.

Mit Salz abschmecken und zu dem marinierten Fleisch-Eier-Zucchini-Gericht reichen.

Tajarin
Schmale Eierbandnudeln

30 Eigelb
1 kg Mehl
1 EL Salz

Einen Nudelteig aus den angegebenen Zutaten bereiten und 2 Stunden ruhen lassen. Danach mit einem Nudelholz sehr dünn ausrollen oder durch die Pastamaschine drehen. Mit Mehl bestäuben und möglichst vor dem Schneiden noch etwas antrocknen lassen.

Einige Teigplatten übereinanderlegen und dazwischen mit Mehl bestreuen. Zusammenrollen und mit einem scharfen Messer von der Teigrolle schmale Streifen abschneiden. Man kann dazu auch die Nudelmaschine benutzen. Die Taglierini (im Dialekt: *tajarin*) auf einem Küchenhandtuch ausbreiten und vor der Weiterverarbeitung nochmals ruhen lassen.

In Salzwasser *al dente* kochen und mit der *conserva di pomodoro* anrichten. Die Kochzeit richtet sich nach der Frische der Nudeln. Werden sie gleich verbraucht, muß man sie nur ganz kurz kochen (2 Min.). Pro »Lagertag« verlängert sich die Kochzeit um 1 Minute.

Diese reichhaltigen »Eigelb«-Nudeln aß man im Piemont natürlich nur an Festtagen. Besonders beliebt sind sie auch heute noch mit einer Soße aus Hähnchenleber. Aber auch mit Butter und Salbei.

Conserva di pomodoro
Eingekochte Tomatensoße

Da Claudia bei ihren Gerichten nur ihre *conserva di pomodoro* verwendet, habe ich sie um das Rezept gebeten.

5 kg Tomaten (San Marzano)
2 große Zwiebeln
10 Knoblauchzehen
2 Selleriestangen
1 Karotte
10 Basilikumstengel
10 Petersilienstengel
1 Rosmarinzweig
1 Salbeisträußchen
¼ Paprikaschote
0,2 l Olivenöl
1 Handvoll grobes Meersalz

Die gewaschenen Tomaten halbieren, 1 Tasse Wasser zugießen und zugedeckt 20 Minuten kochen. Die sich bildende Flüssigkeit abschöpfen und darin alle zerkleinerten Gemüse und Kräuter 1 Stunde lang kochen. Danach wird der Tomatenbrei und die Gemüse-Kräuter-Brühe durch ein feines Sieb passiert, Olivenöl dazugerührt und mit Salz abgeschmeckt.

Nach kurzem Aufkochen füllt man die Soße sofort in Einmachgläser um und läßt sie im Wasserbad 20 Minuten kochen. Dann bleiben sie gut verschlossen zum Auskühlen stehen.

Eine Variation:
5 kg Tomaten (San Marzano)
1 Knoblauchzehe pro Einmachglas
etwas grobes Meersalz
4 Basilikumblätter

Die gewaschenen Tomaten häuten, halbieren, Samen entfernen und über Nacht zum Abtropfen in ein Leinentuch hängen. In Einmachgläser schichten, leicht drücken und lageweise Knoblauch, Salz und Basilikumblätter dazwischenlegen. Schließen und 20 Minuten im Wasserbad kochen. Abkühlen lassen, beschriften und kühl aufbewahren.

AL RODODENDRO

Mary Barale

Bei Mary im »Rododendro« war ich oft zu Besuch und habe viel mit ihr gesprochen. Sie in ihrer Küche bei der Arbeit zu sehen, die sie mit einer unglaublichen Ruhe und Sicherheit ausübt, ist faszinierend. Selbst wenn das Restaurant bis zum letzten Platz besetzt ist, gibt es für sie keinen Grund, nervös zu werden. Sie ist eine zurückhaltende Frau, die gern lacht und ausgesprochen humorvoll sein kann. Mary ist in Cuneo geboren und sehr mit ihrer Heimat verwachsen. Sie braucht die Stille und Abgeschiedenheit des Örtchens S. Giacomo di Boves. Reiselust vermitteln ihr nur ihre beiden Töchter.

In New York würde sie niemals mehr arbeiten, auch nicht für viel Geld, erzählt mir Mary während eines Gesprächs. Sie ist dagewesen und hat in einem der riesigen Hotels ihre Gerichte gekocht und präsentiert; irgendwie hat es ihr auch gefallen, aber mehr nicht.

»Es war wohl die Liebe zu meinem Mann, die mich hauptsächlich veranlaßt hat, in diesem Beruf zu arbeiten. Ich hatte einen Job in einer Konditorei, und mein Mann hat in Limone als Maître gearbeitet. Nach unserer Heirat bin ich zu ihm gezogen, doch schon nach einem Jahr kamen wir wieder zurück und haben dieses Lokal gefunden. Es war geschlossen. 1973 eröffneten wir, hatten aber zuerst einen Koch und servierten nur die einfachen Gerichte aus dieser Gegend: *brasato, arrosto, pasta al forno, budino* und *crostata,* alles sehr üppig. Ich assistierte oder half, wo es nötig war. Bald merkte ich, wie bei der Arbeit meine Begeisterung wuchs, und so begann ich, mich durch

Besuche in anderen Restaurants von deren Essen und vor allem von der gesamten Präsentation ein Bild zu machen.«

Einige Grundkenntnisse im Kochen hatte Mary von ihrer Mutter gelernt, aber eben nur das, was man so im privaten Bereich und für seine Familie braucht.

»Hier in der Gegend war und ist es zum Teil noch üblich, daß man zehn bis fünfzehn Antipasti, zwei bis drei Primi, ein großes Fritto misto oder Schmorbraten ißt; und ich habe mir überlegt, daß man da etwas ändern müßte. Bewegung hat kaum mehr einer so wie früher, doch die Teller sind noch so gefüllt, als würde ein jeder Schwerstarbeit verrichten.«

Manchmal half Mary ein guter französischer Freund, der als Koch in den großen Häusern arbeitete. Nicht zuletzt auch durch seine Unterstützung fing sie an, die einfachen und eher üppigen Gerichte zu verändern. Sie hat viel ausprobiert, um eine geschmacklich gute und leichtere Küche zu erreichen. »Mich hat es sehr gereizt, das, was ich woanders gesehen und gelernt habe, hier in meiner Heimat mit unseren Produkten zu verbinden und dadurch auch neue Gerichte zu kreieren.«

Mary hat nicht die übliche Ausbildung durchlaufen, wie ihre männlichen Kollegen. Um dazuzulernen und ihren Horizont zu erweitern, entschloß sie sich nach Frankreich zu gehen. »In Italien konnte ich nicht vier Monate in einem der guten Restaurants bleiben, denn wir hatten ja zwei Kinder. So bin ich in unseren Ferien ein-

bis zweimal im Jahr für eine Woche nach Paris gegangen.« Und tatsächlich hat die
französische Küche einen starken Einfluß auf ihre Kochkünste ausgeübt – eigentlich
nicht verwunderlich angesichts der Nähe des Landes und ihrer häufigen Aufenthalte
in den besten Häusern Frankreichs.

»Alfred Gouthier, einem Dozenten der Sorbonne, bin ich sehr zu Dank verpflichtet.
Er ist mit einer Frau aus dem Val Máira, wo es den guten Käse gibt, verheiratet. Sie
aßen einige meiner Gerichte und haben nicht aufgehört, mich zu überzeugen, die
große Küche kennenzulernen. Durch ihren Zuspruch habe ich den Mut gefaßt und
mich in dieses Abenteuer gestürzt.«

Den Einkauf macht Mary selbst. Ich habe sie einige Male dabei begleitet. »Die
frischen Grundzutaten suche ich mir gern selbst aus und fahre zweimal auf den
Wochenmarkt nach Cuneo. Die Bauern bringen dorthin all das mit, was ich brauche,
sogar die langen, dünnen grünen Bohnen, die man im Geschäft nicht findet. Und Obst
haben wir hier vor der Tür. Ich kenne keine andere Gegend, in der es so herrliche
Beeren gibt. Außerdem haben wir hier den besten Metzger weit und breit. Es ist die
macelleria von Giacomo Martini in Boves. Sie suchen sich nur die besten Tiere aus,
schlachten selbst und zerlegen sie. Das Fleisch von ihm ist von außerordentlich guter
Qualität.«

Die Pasta und Torten macht die Chefin vom Rododendro selbst. Mit dem Brot ist das
so eine Sache: »Ich habe noch sehr lebhaft in Erinnerung, und es vermittelt mir ein
Stück meiner Kindheit, wie wir früher unser Brot selbst gebacken haben. Ich kann es
sehr gut, doch ich habe hier nicht den schönen Holzbackofen. So backe ich es auch
nur, wenn der Bäcker Ferien hat. Aber nur dann, denn unser *panettiere* macht ein so
ausgezeichnetes Brot, daß viele von weither kommen. Er wird nicht müde, immer
wieder neue Formen und Sorten auszuprobieren.«

In Pilzen kann Mary Barale schon im Juli schwelgen. Die Saison ist lang für sie, und es
macht ihr kein größeres Vergnügen, schon in den Sommermonaten ihre Menüs
umzustellen. »Es ist meine größte Leidenschaft bei dem vielfältigen Angebot immer
wieder neue Rezepte auszuprobieren. Man muß natürlich bei der Zusammenstellung
eines Menüs bedenken, daß nicht jeder die Pilze gut verträgt. Sie sind ja wirklich sehr
schwer. Also reiche ich in einem Menü allenfalls drei bis vier Pilzgerichte, nur auf
Wunsch des Gastes mache ich Ausnahmen.

In den zwanzig Jahren, in denen ich nun hier bin, habe ich richtig Spaß an meiner
Arbeit gefunden. Mich begeistert alles, was damit zu tun hat. Nur das Drumherum
eines solchen Restaurantbetriebes gefällt mir nicht so. Die ganze Organisation und
Büroarbeit bleibt an mir hängen, seit mein Mann vor einigen Jahren verstorben ist.«

Mary hat glücklicherweise in dem Maître und Sommelier Marco Valinotti eine große Unterstützung. Von ihm erfährt man auch viel über die jüngeren Weinproduzenten im Piemont, unter denen er immer wieder erstaunlich gute Weine ausfindig macht. Für die Gäste hält er sehr interessante Sorten aus dem In- und Ausland sowie vorzüglich ausgewählte Grappasorten bereit.

Die beiden Töchter, Verena und Veruschka, unterstützen die Mutter sehr. Veruschka, die jüngere, hat sich gegen die Küche und für das Restaurant entschieden. Sie hilft dem Maître beim Servive. Von ihm hat sie auch alle Kniffe der Servierkunst erlernt. Verena studiert inzwischen in Turin, ist aber in ihrer Freizeit stets in der Küche zu finden. Die weitere Arbeit teilen sich Paola und Mary mit wechselnden Gastköchen aus dem Ausland. Meist sind es Japaner, die erstaunlich schnell auch die italienische Küche begreifen und die häufig die Restaurants wechseln, um möglichst viel zu sehen und zu erfahren.

Um Marys großartige Rezepte zu lernen, die ach so vielen kleinen Geheimnisse zu erfahren, zuzusehen wie *agnolotti* zubereitet und die Pilzfüllung dafür hergestellt werden, bietet sie im Frühjahr und Herbst Kurse in ihrem Haus an.

Menù d'autunno
HERBSTMENÜ
von
Mary Barale

ANTIPASTI

Erste Vorspeise	Fungo gratinato
Zweite Vorspeise	Crèps di patate al salmone
Dritte Vorspeise	Frittata multicolore

PRIMO PIATTO

Nudelgericht	Strozzapreti con piccione ed aceto balsamico

SECONDI PIATTI

Erstes Hauptgericht	Scamone tartufato
Zweites Hauptgericht	Bianco di piccione in crosta
Drittes Hauptgericht	Animelle brasate con funghi

DOLCI

Erstes Dessert	Sformato di mele con salsa di calvados
Zweites Dessert	Bavarese al caffè
Drittes Dessert	Budino di zucca

Fungo gratinato
Gratinierter Steinpilz

4 Steinpilze mittlerer Größe
20 g flüssige Butter (abgekühlt)
1 kleine Karotte (feingehackt)
1 kleine Selleriestange (feingehackt)
2 Eigelb
2 milde Anchovis (feingehackt)
Saft von einer ½ Zitrone
4 EL Olivenöl
2 EL Wasser
1 TL gehackte Petersilie
Salz und Pfeffer

Die Pilze reinigen und in Scheiben schneiden.
(Wenn verwendbar ebenfalls die Stiele.) Jeden
Teller mit etwas flüssiger Butter bepinseln und die
sehr fein gehackten Karotten und Selleriewürfel
darauf verteilen. (Nach dem Backen sind sie
krokantartig.) Danach die Pilze fächerförmig
anrichten.

Die Eigelbe mit den Anchovis, Zitronensaft, Öl,
der restlichen Butter und dem Wasser zu einer
streichfähigen, aber nicht zu dicken Creme
verrühren, die Petersilie zugeben und vorsichtig
mit Salz und Pfeffer abschmecken. Die Pilze nun
mit dieser Creme leicht bestreichen und für einige
Minuten (2–3) bei 200° C im vorgeheizten Ofen
erhitzen. Sofort servieren.

Crèps di patate al salmone
Kartoffelcrêpes mit Lachs

500 g Kartoffeln (mehligkochende)
3 EL Milch
3 EL Mehl
3 Eier
4 Eiweiß
3 EL süße Sahne
Muskatnuß, Pfeffer und Salz
etwas Butterschmalz
pro Crêpe 1 Stück geräucherter Lachs
1 Bund Schnittlauch zum Garnieren

Die Kartoffeln in Salzwasser kochen,
durchpassieren, mit der Milch verrühren und
erkalten lassen. Das Mehl und nacheinander die
Eier unterrühren. Zum Schluß die Eiweiße
schlagen und mit der Sahne zugeben. Mit Salz,
Pfeffer und Muskatnuß abschmecken.

Der Kartoffelteig muß cremig (eher ein wenig fest)
sein. Eine Pfanne benutzen, in der nichts anhängt
und darin etwas Butterschmalz zergehen lassen.
Handflächengroße Crêpes backen (von jeder Seite
2–3 Minuten).

Auf kleinen Tellern anrichten und in die Mitte
jeweils ein Stück Lachs legen. Mit sehr fein
geschnittenem Schnittlauch garnieren.

Als Variante nimmt Mary Barale sehr gerne
Steinpilze, die sie vorher ganz kurz dünstet.

Diese Kartoffelcrêpes haben eine gewisse
Ähnlichkeit mit den *Subrich di patate
(soubriques).* Früher aß man sie in vielen
Gegenden als Hauptgericht mit einem Teller Salat.

Frittata multicolore
Buntes Omelett

7 Eier
50 g gekochter und grob gehackter Spinat
Muskatnuß, Salz und Pfeffer
Olivenöl
100 g Lauch
200 g frische Ricotta
60 g dünne Scheiben gekochter Schinken

6 Eier aufschlagen, mit dem ausgedrückten Spinat gut verrühren und mit Muskat, Salz und Pfeffer abschmecken. Etwas Öl in einer rechteckigen Auflaufform erhitzen, die Eier-Spinat-Masse circa 1 cm hoch einfüllen und für 10–15 Minuten bei 180° C backen.

In der Zwischenzeit den Lauch fein schneiden und in einer Pfanne im restlichen Öl langsam dünsten. Die Ricotta durch ein feines Sieb streichen, das siebte Ei unterrühren und abschmecken. Ein Küchenhandtuch auslegen und darauf Backpapier ausbreiten. Den gebackenen Spinatkuchen daraufstürzen und erkalten lassen.

Danach die Ricotta auf das Omelett streichen, den Lauch darauf verteilen und zum Schluß den Schinken auflegen. Das Ganze mit Hilfe des Papiers zusammenrollen und das Omelett an den Enden schließen. Im Backofen 15–20 Minuten bei 180° C backen.

Kurz abkühlen lassen und noch lauwarm in Scheiben aufschneiden. Auf Tellern anrichten und garnieren. Man ißt die Frittata lauwarm oder kalt.

Mary Barale hat sich diese sehr schöne Variante des einfachen Omeletts, das man überall findet, ausgedacht.

Strozzapreti con piccione ed aceto balsamico
Nudeln mit Taube und Balsamessig

Für den Teig:
250 g Mehl
1 EL Öl
150 g Eiweiß
Salz

Für die Soße:
½ Zwiebel (sehr feingehackt)
50 g Butter
1 EL Olivenöl
1 Taube (entbeint und in Streifen geschnitten)
2 EL brauner Fond oder Bratensoße
2 EL Balsamessig
Salz und Pfeffer

Den Pastateig aus Mehl, Öl, Eiweiß und Salz bereiten und gut durchkneten.

Die Zwiebel in etwas Butter und Öl andünsten, das in Streifen geschnittene Taubenfleisch darin anbräunen, Fond und Essig zugeben und kurz erhitzen. Mit Salz und Pfeffer abschmecken.

Wasser zum Kochen bringen und salzen. Kleine Stücke vom Teig nehmen, zwischen den Händen zu kleinen Rollen formen und sofort ins kochende Wasser geben. Nach 5 Minuten abschütten, abtropfen lassen und mit der Taubensoße vermengen. Kurz durchschwenken und sofort servieren.

Wer wenig Übung hat, kann die Strozzapreti vorbereiten und bis zum Kochen auf ein bemehltes Brett legen. Bei größeren Portionen ist das auch sinnvoller.

Scamone tartufato
Mit Trüffeln gefüllte Lende

2 EL Semmelbrösel
60 g Pilze (feingehackt)
60 g schwarze Trüffel (feingehackt)
½ Glas Olivenöl
Salz und Pfeffer
1 kg Rinder- oder Kalbslende
1 Karotte (kleingeschnitten)
1 große Zwiebel (kleingeschnitten)
1 Selleriestange (kleingeschnitten)
1 Glas (⅛ l) trockener Weißwein
100 g süße Sahne

Aus Semmelbröseln, Pilzen und Trüffeln, 2
Eßlöffeln Olivenöl, Salz und Pfeffer ein Farce
bereiten.

Das Fleisch aufschneiden (rollen und mit dem
Messer der Länge nach einschneiden) und mit der
bereiteten Farce bestreichen. 2 Eßlöffel der Farce
zurückbehalten. Das Fleisch wieder zuklappen
und mit einer Nadel schließen.

In eine Kasserolle das restliche Öl schütten, das
Fleisch salzen und pfeffern und im vorgeheizten
Backofen bei 200° C braten. Nach der Hälfte der
Garzeit (je nach Größe des Fleisches dauert es ½–1
Stunde, es sollte aber innen noch rosa sein) das
kleingeschnittene Gemüse und den Wein zugeben.
Nach 20 Minuten die Kasserolle herausnehmen,
Soße und Gemüse durch ein Sieb schütten und das
Fleisch warmhalten. Die restliche Farce mit der
Sahne verrühren und in der Soße 5 Minuten
köcheln.

Das Fleisch aufschneiden, etwas von der Soße auf
den Tellern verteilen, zwei Scheiben darauflegen
und mit gebackenen Kartoffeln servieren.

Bianco di piccione in crosta
Taubenbrust im Teig

4 Wildtauben
2 EL Gemüsewürfel für den Fond
2 kleine Zwiebeln (gewürfelt)
1 kleine Karotte (gewürfelt)
1 Selleriestange (gewürfelt)
50 g Butter
1 Rosmarinzweig
½ Glas trockener Weißwein
200 g Pilze
2 EL süße Sahne
1 TL gehackte Petersilie
Salz und Pfeffer
200 g Blätterteig
Eigelb zum Bestreichen

Von den Tauben die Brüste auslösen und beiseite
legen. Aus dem restlichen Fleisch und Knochen
mit den Gemüsewürfeln einen Fond bereiten.

1 Zwiebel, die Karotte und Selleriestange klein
schneiden. Die Taubenbrüste in einer Pfanne mit
Butter anbraten, Gemüse und Rosmarin zugeben
und mit etwas Wein ablöschen, verdampfen lassen,
mit Salz und Pfeffer abschmecken und kühl
stellen.

Die zweite Zwiebel und die Pilze sehr fein
schneiden, anbraten und mit dem restlichen Wein
ablöschen. Wenn er verdampft ist, die Sahne
zugeben und so lange unter Rühren kochen lassen,
bis sie eingedickt ist. Zum Schluß die Petersilie
unterrühren, abschmecken und erkalten lassen.

Den Blätterteig 2 mm dünn ausrollen und 4 Kreise
mit einem Durchmesser von jeweils 12–14 cm
ausstechen. Jede Taubenbrust auf eine Hälfte
eines Kreises legen, mit den Pilzen bedecken,
halbmondförmig zuklappen und am Rand
festdrücken. Mit Eigelb bestreichen und im heißen
Backofen 20 Minuten bei 180° C backen.

Auf vorgewärmte Teller verteilen und rundum mit
dem Fond begießen.

Animelle brasate con funghi
Kalbsbries mit Pilzen

1 Karotte (kleingeschnitten)
1 Zwiebel (kleingeschnitten)
½ Selleriestange (kleingeschnitten)
20 g Butter
2 Kalbsbries (à 200 g, gewaschen und gesäubert)
0,2 l brauner Fond
Salz und Pfeffer
100 g Steinpilze
1 l Wasser mit 1 El Essig und Salz
2 EL Olivenöl
1 Knoblauchzehe
1 Rosmarinzweig
Essig für die Soße
Salatblätter

In einer Kasserolle die Karotten-, Zwiebel- und
Selleriestückchen in Butter kurz anrösten.

Die Briesstücke dazugeben und von beiden Seiten
anbraten und leicht bräunen, den Fond zugießen,
salzen und pfeffern. Zugedeckt 1 Stunde bei
150° C im Backofen garen.

Die Pilze in Essig-Salz-Wasser 2–3 Minuten
kochen, abtropfen und abtrocknen lassen.

Die Kasserolle aus dem Ofen nehmen, den Fond
abgießen und das Fett abschöpfen. Aus dem Fond,
Essig und etwas Öl eine Soße bereiten. Besser ist
es, alles abkühlen zu lassen und dann das Fett
abzuheben. Mit Salz und Pfeffer abschmecken.

Die abgebrühten Pilze mit dem feingehackten
Knoblauch (leicht knusprig) und dem Rosmarin im
restlichen Öl braten.

Salatblätter auf Teller ausbreiten, die Pilze darauf
verteilen. Das Bries in Scheiben schneiden, auf die
Pilze legen und mit der Soße übergießen. Sofort
servieren.

Wenn Sie das Bries nicht vorbereitet und enthäutet vom Metzger bekommen, müssen Sie es 2
Stunden in fließendes (oder zumindest häufig
gewechseltes) Wasser legen. Dann ½ Tag (oder
abends für den nächsten Morgen) wässern und
danach die feine Haut abziehen.

Sformato di mele con salsa di calvados
Apfeltörtchen mit Calvadoscreme

90 g Butter
90 g Mehl
0,2 l heiße Milch
6 Eigelb
90 g Zucker
6 Eiweiß
4 Boskopäpfel
50 g Butter
Saft von ½ Zitrone
2 EL Puderzucker
1 Messerspitze Zimt

Für die Calvadoscreme:
3 Eigelb
2 EL Zucker
¼ l heiße Milch
6 EL Calvados

Die Butter in einem Topf schmelzen, unter
Rühren das Mehl zugeben und 2 Minuten kochen
lassen. Die heiße Milch zugießen und unter
ständigem Rühren kochen, bis keine Klümpchen
mehr in der Creme sind. Beiseite stellen.

Die Eigelbe mit Zucker verrühren. Ein paar Löffel
davon unter die Milchcreme rühren. Die Creme
wieder erwärmen und bis zum Aufkochen die
ganze Eigelb-Zucker-Masse löffelweise
unterrühren. Erkalten lassen. Die Eiweiße steif
schlagen und unter die abgekühlte Creme ziehen.

Äpfel schälen, in Stücke schneiden und 2–3
Minuten in Butter dünsten. Zitronensaft, Zucker
und Zimt zufügen und zu der Creme geben.

Kleine hohe Formen mit Butter ausstreichen, die
Masse einfüllen und im Backofen 30 Minuten bei
160–180° C im Wasserbad garen.

Für die Calvadoscreme:
Die Eigelbe mit dem Zucker verrühren, heiße
Milch unter Rühren zugießen und erwärmen, bis
die Creme eingedickt ist. Den Calvados einrühren.
Abkühlen lassen und mit den noch warmen
Apfeltörtchen anbieten. (Mary serviert sie auch
manchmal kalt mit Sahneeis.)

HICK'S
SCHMATZ
CHA-CHA-CHA

Bavarese al caffè
Bayerische Kaffeecreme

100 g italienische Kaffeebohnen
¾ l Milch
6 Eigelb
9 Blatt weiße Gelatine
150 g Zucker
500 g süße Sahne

Die Kaffeebohnen zerstoßen und in der Milch bei schwacher Hitze bis zum Siedepunkt kommen lassen, dann vom Herd nehmen. In der Zwischenzeit die Eigelbe mit dem Zucker so lange rühren, bis eine weißliche Creme entsteht. In diesem Moment die warme Kaffee-Milch langsam zugießen, erhitzen ohne zu kochen, bis die Creme am Löffel hängen bleibt (ca. 5 Minuten). Danach durch ein feines Sieb schütten.

Die Blattgelatine in kaltem Wasser einweichen, in die heiße Creme einrühren und die Creme erkalten lassen (bis auf 25° C).

Die Sahne steif schlagen und sehr schnell unter die Creme heben. Kleine ovale Förmchen kalt ausspülen, die Masse einfüllen und einige Stunden kühlstellen.

Mary Barale serviert diesen Nachtisch entweder mit Schokoladenkaffeebohnen und Gebäck oder mit einer englischen Creme.

Die bayerische Creme ist sehr beliebt im Piemont. Man bereitet sie auch mit Vanille oder mit Kakao.

Budino di zucca
Kürbispudding

350 g Kürbisfleisch
Wasser und Salz
0,15 l Milch
150 g süße Sahne
130 g Zucker
2 Eier
2 Eigelb
15 g frischer Ingwer (sehr feingehackt)

Für die Karamelsoße:
4 EL Zucker
2 EL Wasser

Das Kürbisfleisch in kleine Stücke schneiden und in leicht gesalzenem Wasser kochen. Abschütten und durch ein Sieb streichen oder mit dem Mixstab sehr fein pürieren. Milch, Sahne, Zucker, die Eier, Eigelbe sowie den Ingwer zugeben und gut verrühren.

Wasser und Zucker erhitzen, karamelisieren und auf Puddingförmchen verteilen. Darauf die Kürbiscreme füllen und im Backofen circa 15–20 Minuten bei 150° C im Wasserbad garen. Nach 10 Minuten mit der Messerspitze die Garprobe machen.

Erkalten lassen, stürzen und mit Sahne verzieren.

Weinempfehlung zu diesem Menü
von Marco Valinotti, Maître und Sommelier

Zur Vorspeise bietet Marco Valinotti einen *Erbaluce di Caluso,* einen frischen, trockenen, strohfarbenen Weißwein, oder einen *Arneis* an.

Danach hält der Sommelier einen *Barbera* oder einen *Dolcetto* bereit. Beides Rotweine, die gut zu den *strozzapreti* mit Taubenfleisch passen.

Zu den Hauptgerichten trinkt man einen *Nebbiolo,* dessen Namensgebung damit zu tun hat, daß die Trauben geerntet werden, wenn die ersten Herbstnebel ziehen – oder den hervorragenden *Barolo,* der größte unter den piemontesischen Rotweinen.

Zum Nachtisch reicht der Sommelier einen *Moscato naturale,* den beliebten Dessertwein mit dem Muskateller-Aroma, oder ein Glas *Spumante.*

Sformatino di mais con fegato d'oca
Maistörtchen mit Gänseleber

Für die Soße:
100 g Schalotten
15 g Butter
0,1 l Sherryessig
250 g süße Sahne
3 EL Fond
Saft von ½ Zitrone
Salz und Pfeffer

Für die Törtchen:
60 g Mehl
1 Eigelb
1 Ei
2 EL Milch
250 g süße Sahne
170 g Mais (aus der Dose)
Salz, Pfeffer und Muskatnuß
Butter für die Förmchen

200 g Gänseleber

Für die Soße braucht man etwas Geduld und Zeit:

Die Schalotten sehr fein hacken, in der Butter gelblich dünsten. Jetzt in drei Raten Essig zugeben und jedesmal verdampfen lassen. Beim letztenmal die Hälfte der Sahne zugießen, verdampfen lassen und danach den Rest der Sahne mit dem Fond und dem Zitronensaft 5–6 Minuten einköcheln.

Mit Salz und Pfeffer abschmecken. Die Soße kann vorbereitet werden, sie hält sich im Kühlschrank einige Tage.

In einer Schüssel Mehl, Eigelb, Ei, Milch und die Sahne verrühren. Die Flüssigkeit vom Mais abgießen. 2 Teelöffel Maiskörner beiseite legen und den Rest gut durchgemixt zu Teig rühren. Mit Salz, Pfeffer und Muskat abschmecken und zum Schluß die zurückbehaltenen ganzen Maiskörner unterziehen.

Die Tortenförmchen (1 cm hoch und 6 cm ⌀ mit glatten Rand) ausbuttern, auf die Herdplatte (Gas) oder auch Feuerstelle stellen, so daß sie gut heiß sind und die Masse nicht anhängen kann. Die Creme 1½ cm hoch einfüllen und 10–12 Minuten bei 180° C im vorgeheizten Backofen backen.

In der Zwischenzeit die Gänseleber in 0,5 cm dicke Scheiben schneiden, ganz kurz in einer sehr heißen Pfanne ½ Minute von beiden Seiten anbräunen.

Die Maistörtchen aus dem Ofen nehmen, stürzen und auf Teller verteilen. Obenauf je eine Scheibe Leber setzen und etwas von der heißen Soße darübergießen. Sofort servieren.

Zuppa di funghi
Pilzsuppe

500 g kleine weiße Steinpilze
1 TL Olivenöl
1 TL Butter
½ Knoblauchzehe (sehr fein gehackt)
1 TL gehackte Petersilie
4 Schöpfkellen Hühnerbrühe
Salz und Pfeffer
2 Eigelb
2 EL geriebener Parmesan

Die gesäuberten Pilze in Lamellenscheiben schneiden. In Öl und Butter die Petersilie mit dem Knoblauch ganz kurz erhitzen, die Pilze zugeben und nach 3 Minuten die heiße Brühe dazu schütten. Aufkochen und 4 Minuten köcheln lassen. Mit Salz und Pfeffer abschmecken.

In einer Suppenschüssel (oder direkt in Suppentassen) Eigelbe und Parmesan vermengen und ganz langsam die Brühe zugießen. Sofort servieren.

Pera in crosta con crema di mandorle
Birne im Teig mit Mandelcreme

4 Kaiserbirnen
¼ l Wasser
125 g Zucker

Für die Creme:
60 g Butter
60 g Mandelmehl
60 g Zucker
1 Eigelb
1 EL Rum

300 g Blätterteig
1 Eigelb

Die Birnen schälen, halbieren, Kerngehäuse entfernen, aushöhlen und die Birnenhälften in Zuckerwasser kochen. Die Kochzeit hängt sehr von der Qualität und Festigkeit der Birnen ab, deshalb durch Fingerdruck prüfen, wie weich die Birnen sind. Die weichen Birnen mit einem Schaumlöffel vorsichtig herausnehmen und auf einem Küchenhandtuch abtropfen und abkühlen lassen.

Während die Birnen kochen Butter, Mandelmehl, Zucker, Eigelb und Rum zu einer cremigen Masse verrühren und jeweils einen Teelöffel davon in die ausgehöhlten Birnenhälften einfüllen.

Den Blätterteig halbieren und eine Hälfte 2 mm dünn ausrollen. Für jede Birnenhälfte ein entsprechend großes Teigstück ausschneiden. Darauf je eine gefüllte Birnenhälfte legen (glatte Fläche nach unten). Den restlichen Teig ausrollen und wie zuvor in gleichgroße Teigstücke schneiden, die man mehrmals schräg anritzt. Das bewirkt, daß beim Aufgehen des Teiges die Birne sichtbar wird. Mit diesem Teigstück wird nun die Birne bedeckt und mit einem Messer deren Umriß ausgeschnitten. (Mit einer vorbereiteten Birnenschablone kann man sich bestens behelfen.) Den Teig mit Eigelb bepinseln und 20–30 Minuten bei 180° C im vorgeheizten Ofen backen. Heiß servieren.

Im Ristorante »Al Rododendro« bereitet Mary eine frische Aprikosensoße dazu. Sie nimmt 4–5 Aprikosen, mixt sie mit 1 Eßlöffel Zucker und Zitronensaft und gießt davon etwas über das Gebäck.

Zu beachten:
Der Teig, der beim Schneiden abfällt, kann wiederverwendet werden, jedoch nur für den unteren Teil, da er nicht mehr so gut aufgeht.

Mandelmehl kann man in Italien abgepackt kaufen oder sich beim Bäcker mahlen lassen. Es ist auch bei uns im Handel erhältlich.

Die kleine flaschenförmige Birnensorte *Martin sec,* mit der gelblich-rostbraunen zarten Schale und dem recht festen Fruchtfleisch, wird im Piemont gern zum Kochen genommen. Bei diesem Rezept bevorzugt Mary jedoch, vor allem der Größe wegen, die Kaiserbirne.

INVERNO
Pina Bagliardi
RISTORANTE
„GENER NEUV"
in ASTI

Pina Bagliardi

Der Ehemann von Pina arbeitete elf Jahre als Werbegrafiker in seinem eigenen Büro. Er wollte sein erspartes Geld investieren und überlegte, es entweder in das Geschäft zu stecken oder in ein Restaurant. Eine Idee, mit der Piero Fassi schon oft gespielt hatte. »Mir gefiel der Gedanke der Gastlichkeit, etwas kleines und feines; doch ich selbst war keineswegs in der Lage, mehr als einen Kaffee zu kochen.« Ach ja, da gab es auch noch seine Frau. Sie war eine ganz normale Hausfrau, gut in der Küche, die aber nur für die Familie kochte. Und da war dieses Haus, die Osteria »Gener« am Fluß Tanaro.

»Der ›Gener‹ war ein Fischer, der in Asti und Umgebung bekannt und unübertroffen in seiner Zubereitung von Flußfischen gewesen ist. Direkt gegenüber des Tanaro, in dem damals noch sehr kleinen Lokal, hat er in den Jahren um 1880 bis 1932 überwiegend für die vielen Angler und Spaziergänger gekocht.« Die letzten Besitzer waren gerade bei einer Nacht-und-Nebel-Aktion verschwunden und hatten nichts hinterlassen als einen großen Berg Schulden. »Ich lief nach Hause, um davon zu erzählen und auch von meinem heimlichen Gedanken. Meine Frau Pina erklärte mich für verrückt. Doch nach einigen Tagen erkundigte sie sich, ob ich denn nun den Vertrag gemacht hätte oder nicht.«

Als Pina und Piero im Jahr 1971 das Restaurant übernahmen, setzten sie dem »Gener« ein »neuv« (neu) hinzu. Piero arbeitete noch für eineinhalb Jahre weiter als Werbegrafiker und war gleichzeitig Maître im Restaurant.

Die Großmutter hatte Pina ein bißchen bei ihrer Kochentwicklung beeinflußt, doch sie hielt wenig von dem sogenannten Fortschritt und machte nur das, was sie konnte. So blieb die Küche, was sie war: einfach, bäuerlich, traditionell. Es kam ein Koch, der eigentlich nur drei Monate bleiben wollte, dann aber drei Jahre blieb. Auch er hielt sich an die *cucina nostrana*, die einfache Küche der Region. Man war lange damit zufrieden, zumal die Leute in der Umgebung nicht viel anderes gewohnt waren. Doch dann begann Pina allmählich, *pian piano*, eine Veränderung an sich wahrzunehmen.

»Wir haben uns häufiger bei Kollegen umgeschaut und viel von ihnen lernen können. Aber wir haben einiges anders gemacht als sie und das ist anfangs immer schwierig.« Pina hat die Küche dann allein geführt und damit begonnen, ihre kleinen, neuen Ideen umzusetzen.

»Ich habe mich länger mit einem Rezept auseinandergesetzt, und den größten Erfolg hatte ich, wenn ich versuchte, eines der herkömmlichen zu ändern. Es war wirklich erstaunlich. Die ersten Male, wenn sich die Gäste verabschiedeten und mir Komplimente machten, beflügelte mich das dermaßen, daß ich manchmal sogar nicht in den Schlaf fand. Ich überlegte mir noch in der Nacht, wie ich weitere Rezepte erneuern könnte. Es machte mir sehr viel Freude; und da ich nicht abschmecke, muß ich von Anfang an ein Gefühl für das Gericht haben, sonst probiere ich es erst gar nicht aus.«

Neben den Rezepten wurden auch viele Details in den Räumen verändert. So ist nach und nach ein behagliches und elegantes Restaurant in sehr privater, fast familiärer Atmosphäre mit einer exzellenten Küche entstanden.

Mittlerweile stehen die beiden Töchter Maria Luisa und Maura schon einige Jahre mit der Mutter zusammen in der Küche. Es ist ein hervorragendes Team. Maura arbeitet sehr eng mit Pina, und Maria Luisa erstellt mit großer Begabung die phantastischsten Desserts. Sie haben alles von der Mutter gelernt, und alle Familienmitglieder beraten immer gemeinsam die Menüzusammenstellung. Maura, gerade frisch verheiratet, beginnt damit, in noch größere Kochtöpfe zu schauen und bei ausländischen Kollegen etwas zu schnuppern. Piero sorgt sich um den Wein, und wenn es seine Zeit erlaubt, backt er das Brot und fertigt mit großem Geschick auch die Pasta.

Neben Pina und den Töchtern gibt es noch zwei sehr tüchtige und erfahrene Frauen, die das Gemüse putzen und sonstige Handreichungen übernehmen. Einmal in der Woche kommt die betagte Zia Letizia vorbei und kocht das Spezialgericht *finanziera*. Die nächste Generation wächst schon heran: ein Enkelkind, Giacomo, der kleine Sohn von Maria Luisa. Vielleicht die Unterstützung für Piero Fassi bei all den vielen Frauen in der Küche? Er hofft darauf. Die Atmosphäre in diesem Haus ist immer sehr harmonisch. Maura und Maria Luisa sind zwei aufgeschlossene und begeisterungsfähige junge Frauen, die von ihrer Mutter die wunderbare, liebenswürdige Art angenommen haben.

Auch Pina hat schon ihre Amerika-Erfahrung hinter sich und war in diesem Sommer in Venedig in einem der namhaften Hotels eingeladen, um ihre piemontesischen Gerichte vorzustellen und einen Kochkurs abzuhalten. Solche Dinge organsiert nach wie vor Piero, der auch sonst mit sympathischer Art das Geschäftliche abwickelt.

Die Familie hat sich entschlossen, Salat und Gemüse, Fleisch und andere Lebensmittel aus Zeitgründen liefern zu lassen. Sie können es sich erlauben. Die Händler kennen ihre Wünsche und bringen nur erstklassige Ware. Sogar der Schäfer kommt zwei- bis dreimal in der Woche aus den Bergen und liefert Ricotta, den ich einmal probieren konnte. Er war noch warm und einzigartig in seinem Geschmack.

Auch im »Gener Neuv« bevorzugt man das gute Fleisch von der *macelleria Martini* aus Boves, das mittlerweile auch angeliefert wird. Die ausgefallenen Zutaten für die *finanziera* erhalten sie von einem ganz bestimmten Händler. Die Lebensmitteluntersuchungen unterstehen inzwischen auch in Italien sehr viel strengeren Richtlinien als früher. Pina und Piero erklären mir, daß es sich in zweifacher Hinsicht lohnt, einen guten Metzger zu haben. Man erspart sich dadurch vor allem viel Zeit und Ärger. Bei den Kontrollen nennt man nur den Namen, und schon durch dessen guten Ruf erübrigen sich automatisch alle langen Überprüfungen.

Menù d'inverno

WINTERMENÜ

von

Pina Bagliardi

ANTIPASTI

Erste Vorspeise	Grive monferrine
Zweite Vorspeise	Sfoglia al raschera
Dritte Vorspeise	Puccia langarola

PRIMI PIATTI

Ein Nudelgericht	Agnolotti di ricotta nostrana
Eine Suppe	Zuppa di zucca

SECONDI PIATTI

Erstes Hauptgericht	Pernice rossa cotta in crosta
Zweites Hauptgericht	Capretto di Murazzano al vino Barolo

DOLCI

Erstes Dessert	Cialda di cioccolato con gelato al miele di acacia e salsa di lamponi
Zweites Dessert	Soffiatino alle nocciole
Drittes Dessert	Torta di castagne

Grive monferrine
Leberklöße im Schweinenetz

500 g Schweineleber
Pfeffer, Muskatnuß und Salz
3 große Salbeiblätter
1 kleiner Rosmarinzweig
1 Knoblauchzehe
1 Handvoll Semmelbrösel
1 Schweinenetz
1 Wacholderbeere pro Kloß
Olivenöl zum Anbraten
Weißwein zum Beträufeln
2 Zwiebeln
Butter zum Rösten

Eine Hälfte der rohen Schweineleber mit dem Messer grob hacken, die andere Hälfte mit dem Pürierstab grob pürieren. Salbei, Rosmarin und Knoblauch fein schneiden, mit Pfeffer, Muskatnuß und Salz abschmecken und mit den Bröseln vermengt zu der Leber geben.

Aus dem Schweinenetz Stücke schneiden, jeweils einen gehäuften Eßlöffel der Leber darauf setzen und 1 Wacholderbeere hineindrücken. Das Schweinenetz um die Leber hüllen und mit beiden Händen vorsichtig Klöße daraus formen.

Die Klöße in Olivenöl anbraten, mit Weißwein beträufeln und 12–15 Minuten dünsten.

Zwiebeln schälen und in feine Ringe schneiden, in Butter rösten und zu den Grive servieren.

Es gibt verschiedene Vermutungen woher das Wort »grive« (Fleischvogel) stammen könnte. Die einfache Version ist diese: »Griva« ist der piemontesische Name für den Singvogel Drossel. In jeder grive ist eine Wacholderbeere, die den besonderen Geschmack ausmacht, und danach sind die Drosseln so gierig.

Schweinenetze kann man beim Metzger bestellen.

Sfoglia al raschera
Käse im Blätterteig

250 g Tiefkühl-Blätterteig
80 g Rascherakäse
40 g Fontinakäse
500 g süße Sahne
4 Eigelb
Salz und Pfeffer
1 Ei zum Bestreichen

Den Blätterteig dünn ausrollen und eine Springform (Ø 20 cm) oder mehrere kleine Formen mit etwa ⅔ des Teiges auslegen. Den kleingeschnittenen Käse darauf verteilen. Sahne und Eigelbe verrühren, mit Salz und Pfeffer abschmecken und daraufgießen. Mit dem restlichen Blätterteig bedecken und am Rand gut andrücken. 30 Minuten ruhen lassen.

Mit Ei bestreichen und im vorgeheizten Ofen 30 Minuten bei 180° C backen.

Heiß servieren.

Pina macht den Blätterteig selbst. Natürlich kann man auch den tiefgefrorenen verwenden.

Puccia langarola
Schweinefleisch mit Wirsing auf Polenta

1 Zwiebel
1 EL Rosmarinnadeln
2 Lorbeerblätter
1 Selleriestange
Olivenöl zum Anbraten
400 g Schweinekarree oder -kamm
1 Schuß Weißwein
2 Wirsingköpfe
200 g Maisgrieß
1 l Salzwasser
Salz und Pfeffer
Parmesan (gerieben)

Zwiebel, Rosmarin, Lorbeerblätter und Sellerie sehr fein hacken und in Öl anrösten. Das Fleisch in kleine Würfel schneiden und hinzufügen. Circa 15 Minuten köcheln und einen Schuß Weißwein zugießen.

In der Zwischenzeit den Wirsing putzen, Außenblätter entfernen, die übrigen Blätter in Streifen schneiden, zu dem Fleisch geben und bei kleiner Hitze 1 Stunde garen. Mit Salz und Pfeffer abschmecken.

Maisgrieß unter ständigem Rühren in das kochende Salzwasser geben und in etwa 30 Minuten eine sehr breiige Polenta kochen. In kleine Schalen füllen, obenauf das Gemüse verteilen und mit frisch geriebenem Parmesan bestreuen.

Im Gener Neuv ißt man die Puccia mit einem Löffel.

Pina verwendet für dieses Gericht ein Stück Schweinefleisch, zum Beispiel *capocollo*, Schweinekamm.

Agnolotti di ricotta nostrana
Nudeltaschen mit Ricottafüllung

Für den Pastateig:
100 g gekochter Spinat
3 Eigelb
500 g Mehl

Für die Füllung:
5 gekochte Artischocken
1 Bund Petersilie
2 kg Ricotta
1 Ei
1 Eigelb
3–4 EL geriebener Parmesan
Salz
Salbeibutter
Parmesan (gerieben) zum Bestreuen

Den gekochten Spinat mixen und mit den Eiern und dem Mehl zu einem glatten Teig verarbeiten.

Die Artischocken und die Petersilie hacken, mit dem Ricottakäse, dem Ei, dem Eigelb und dem Parmesan vermischen, salzen und alles gut verrühren. Kühl stellen.

Mit der Pastamaschine oder per Hand den Teig in schmale Bahnen ausrollen und die Füllung häufchenweise nebeneinandersetzen. Mit einer zweiten Teigbahn bedecken und kleine, gefüllte Quadrate ausradeln. Am Rand leicht festdrücken.

In reichlich Salzwasser werden die Agnolotti 2–3 Minuten gekocht, abgeschüttet und in Salbeibutter geschwenkt.

Bei Tisch mit frisch geriebenem Parmesan bestreuen.

Zuppa di zucca
Kürbissuppe

2 kg Kürbisfleisch
3 l Fleischbrühe oder Wasser
1 Stange Lauch
2 Selleriestangen
Salz und Pfeffer
Olivenöl zum Beträufeln
Brotwürfel
Knoblauchzehen nach Belieben

Das Kürbisfleisch würfeln und in kalter Fleischbrühe aufsetzen. Lauch und Sellerie kleinschneiden, zufügen und alles 1½ Stunden kochen. Danach fein pürieren oder mixen und mit Salz und Pfeffer abschmecken.

Vor dem Servieren beträufelt Pina die Suppe mit ihrem besten Olivenöl und reicht Brotwürfel dazu, die sie nach Wunsch in Knoblauch röstet.

Pernice rossa cotta in crosta
Rebhuhn im Teig

Für 2 Personen
2 Rebhühner
2 Scheiben Gänseleber (70 g)
5 weiße Trüffelscheiben
Salz und Pfeffer
Olivenöl und Butter zum Anbraten

Für den Teig:
500 g Mehl
250 g Butter
1 EL Salz
0,2 l Wasser
1 Eigelb

2 EL Bratensoße

Die Rebhühner ausbeinen. Aus der Gänseleber und dem zerkleinerten Trüffel eine Farce herstellen, mit Salz und Pfeffer abschmecken und einfüllen. Die Rebhühner in Öl und Butter anbraten.

Den Teig zubereiten, ausrollen, in 2 Stücke schneiden und in jedes ein Rebhuhn einwickeln. Die Oberfläche mit Eigelb bestreichen und 30 Minuten bei 200° C im vorgeheizten Ofen backen.

Auf vorgewärmte Teller werden 2 Eßlöffel Bratensoße verteilt, das Rebhuhn in die Mitte gelegt und sofort serviert.

Dazu reicht Pina ein zartes Kartoffelpüree und zwei Gemüsesorten: Fenchel und Karotten.

Pina bevorzugt die kleinere Rebhuhnsorte, die sardische »Pernice rossa«.

Capretto di Murazzano al vino Barolo
Zicklein in Barolo

1 Zickleinkeule (ca. 1,5 kg)
Olivenöl zum Anbraten
1 kleingeschnittene Schalotte
1 Rosmarinzweig
2 Lorbeerblätter
1 Glas Wein (Barolo)
Salz und Pfeffer
2 Schöpflöffel Fleischbrühe

Die Keule in vier Stücke aufteilen und in Öl, Rosmarin, Schalottenwürfeln und Lorbeerblättern von allen Seiten anbraten. Salzen und pfeffern.

Wenn das Fleisch gut gebräunt ist, den Wein und die Fleischbrühe zugießen. 15 Minuten kräftig kochen lassen und danach für 30 Minuten bei 170° C im Backofen zu Ende garen.

Mit dem Fleischsud servieren. Dazu kann man Röstkartoffeln und Kardengemüse reichen.

In einer Region der großen Weine Italiens ist es selbstverständlich, daß man mit ihnen auch kocht. So ist ein großer Barolo gerade dann die Krönung eines der typisch piemontesischen Fleischgerichte, wenn es mit eben diesem Wein auch zubereitet wurde.

Cialda di cioccolato con gelato al miele di acacia e salsa di lamponi
Schokoladenwaffeln mit Akazienhonig-eis und Himbeersoße

Für das Akazienhonigeis:
½ l Milch
500 g süße Sahne
3 Eigelb
300 g Akazienhonig

Für die Waffeln:
75 g Puderzucker
100 g Mehl
25 g Kartoffelmehl
20 g bitterer Kakao
100 g süße Sahne
3 EL Milch
1½ Eiweiß
1–2 EL Vanillezucker

Für die Himbeersoße:
500 g Himbeeren
(einige Himbeeren für die Garnierung aufheben)
200 g Zucker
1 Stück Zitronenschale
Puderzucker zum Bestäuben

Für das Eis:
Milch und Sahne aufkochen. Die Eigelbe mit dem Honig cremig rühren und zu der Flüssigkeit schütten. Erkalten lassen und in die Eismaschine geben.

Für die Waffeln:
Puderzucker, Mehl, Kartoffelmehl und Kakao vermischen und mit der Sahne und der Milch cremig rühren. Das Eiweiß mit dem Vanillezucker steif schlagen und unter die Masse heben. (Man kann das Eiweiß für 3 Sekunden im Topf auf dem Herd erhitzen und dann weiter aufschlagen.)

Backpapier auf ein Blech legen, jeweils einen gehäuften Teelöffel des Teiges ganz flach verstreichen (Ø 12 cm) und etwa 3–5 Minuten bei 160/170° C im vorgeheizten Ofen backen. Herausnehmen, sofort mit einem sehr dünnen Spachtel abheben und auf einer flachen Platte abkühlen lassen. Sehr vorsichtig, damit die Waffeln nicht brechen! Die Waffeln in einer Blechdose aufbewahren, damit sie nicht weich werden.

Für die Himbeersoße:
Das Obst mit dem Zucker und der Zitronenschale aufkochen. Die Zitronenschale entfernen, die Himbeeren kurz mixen und durch ein feines Sieb streichen. Abkühlen lassen.

Auf große Dessertteller jeweils etwas von der Fruchtsoße verteilen. Jeweils eine Waffel darauflegen und in die Mitte ein Eisbällchen setzen, dann wieder mit einer Waffel belegen und leicht andrücken, noch ein Eisbällchen in die Mitte setzen und erneut mit einer Waffel bedecken und leicht andrücken.

Die letzte Waffel mit Puderzucker bestäuben und obenauf einige Himbeeren setzen. Als Abschluß kann man auch noch einmal Eis geben und mit den Himbeeren dekorieren.

Es ist ein wunderschöner Nachtisch, der sich gut vorbereiten läßt, erklärt mir Maria Luisa, die Tochter von Pina. Sie ist für alle Desserts zuständig und hat viel Geduld bei der wunderschönen Verzierung der Teller.

Soffiatino alle nocciole
Lockere Nußspeise

5 Eigelb
150 g Zucker
0,2 l Wasser
200 g geröstete und grobgehackte Haselnüsse
3 Blatt weiße Gelatine
1 Schuß Milch
3 Eiweiß
500 g süße Sahne

Für die Schokoladensoße:
250 g süße Sahne
250 g dunkle Schokolade

Die Eigelbe schaumig schlagen. Den Zucker im Wasser auflösen, erwärmen und langsam mit dem Schneebesen zu den Eigelben rühren. Bis zum völligen Erkalten weiterrühren. Danach die Nüsse zugeben. Die zuvor in kaltem Wasser eingeweichte Blattgelatine ausdrücken, im Wasserbad mit einem Schuß Milch flüssig werden lassen und einrühren. Die Sahne steif schlagen und vorsichtig unter die Masse rühren. Die Eiweiße ebenfalls steif schlagen und sehr behutsam unterziehen. Die Creme in Förmchen einfüllen und einige Stunden kühlstellen.

Meist serviert Maria Luisa das Dessert mit einer Zabaione, die sie mit dem hiesigen Vino Moscato zubereitet, einem süßen Wein, den man im Piemont zum Dessert trinkt.

Wir haben uns für eine Schokoladensoße entschieden, die folgendermaßen zubereitet wird:

Die Sahne aufkochen und die Schokolade darin verrühren, einmal kräftig durchschlagen und etwas über den Nachtisch gießen.

Torta di castagne
Kastanienkuchen

Gebackener Kastanienkuchen:
1 kg getrocknete Kastanien (weiß, ohne Schale)
4 l Wasser zum Einweichen
Salzwasser zum Kochen
100 g Amaretti (fein zerbröselt)
100 g süßer Kakao
5 Eier
1 kleines Glas Marsala
2 gekochte Äpfel
Butterflöckchen

Die Kastanien in lauwarmem Wasser über Nacht einweichen, das Wasser weggießen. Am nächsten Tag in Salzwasser 2–4 Stunden kochen (hängt von der Größe ab). Danach abschütten und durchpassieren.

Amaretti, Kakao, Eier, Marsala und die gekochten Äpfel zurühren und mit einem Rührgerät einen weichen Teig bereiten.

Eine hohe Springform (⌀ 20 cm) ausbuttern, den Teig einfüllen und obenauf kleine Butterflöckchen setzen. 1 Stunde bei 160° C im vorgeheizten Ofen backen.

Ungebackener Kastanienkuchen:
500 g Kastanien (weiß, ohne Schale)
100 g Zucker
100 g Kakao
100 g Amaretti
100 g Butter
8 El starker Rum

Die Kastanien über Nacht in kaltem Wasser einweichen und am nächsten Tag in 2 l Salzwasser kochen. Wenn sie weich sind durchpassieren.

Aus den angegebenen Zutaten per Hand einen Teig bereiten und mit dem Kastanienmus vermengen. Auf ein Stück Alufolie geben und eine Rolle formen. Diesen Kuchen kann man einige Stunden in den Kühlschrank stellen, aber auch sofort servieren.

Dazu empfiehlt Maria Luisa eine helle Creme, zum Beispiel eine Zabaione, die mit einem guten Spumante zubereitet wird.

Weinempfehlung zu diesem Menü
von Ehemann Piero Fassi, Maître

Zu den Vorspeisen reicht Piero Fassi einen *Grignolino*, einen von Kennern sehr geschätzten Rotwein, oder einen jungen *Freisa*, die beide bei einer Temperatur von 15°C getrunken werden.

Zur Suppe und zu den Nudeln gibt es im »Gener Neuv« den idealen *Dolcetto d'Asti*, der bei einer Temperatur von 17°C serviert wird.

Beim Hauptgericht bietet Piero einen *Barbera Briccato* an, den Rotwein mit der großen Zukunft. Zum Wintermenü kann er gut bei einer Temperatur von 19°C gereicht werden.

Für die Desserts eignen sich entweder der *Moscato d'Asti* oder der *Brachetto d'Acqui*, ein rubin- bis hellroter Wein. Beide werden sehr kühl (6–7°C) getrunken.

La finanziera

100 g Kalbsbries (gesäubert)
100 g Kalbsnieren (gewässert)
1 kleiner Bund Suppengemüse
Rosmarinzweig
1 Zwiebel (feingehackt)
1 Selleriestange (feingehackt)
1 Karotte (feingehackt)
2 Lorbeerblätter
2–3 EL Olivenöl
*100 g filoni (Strang aus der Wirbelsäule
des Kalbes s. u.)*
70 g Mehl
Butter zum Anbraten
100 g Hahnenkämme
Fleischbrühe
100 g Kalbsfleisch (vom Hinterstück)
100 g Hähnchenleber (bemehlt)
100 g Pilze (sauer eingelegt)
*100 g kleine sauer eingelegte Gemüse (Gürkchen,
Karotten)*
1 El Essig
etwas Zitronensaft
Salz, Muskatnuß und Pfeffer
1 Glas Passito di Caluso (oder Südwein)
1 EL Zucker

Zuerst Bries und Nieren ¼–½ Stunde lang mit dem Gemüse und dem Rosmarinzweig kochen. Zwischenzeitlich in einem großen Topf das kleingehackte Gemüse und die Lorbeerblätter in Öl anrösten. Den Filone in fingerlange Stücke schneiden, in Mehl wenden, in einer Pfanne in Butter dünsten. Zusammen mit den Hahnenkämmen in den Topf geben. Etwas Fleischbrühe zugießen.

Nieren und Bries abschütten (Brühe nicht mehr verwenden). Abkühlen lassen und klein würfeln.

Das Kalbfleisch kleinschneiden, mit der bemehlten Hähnchenleber in Butter kurz anrösten und in den großen Topf zu den übrigen Zutaten geben. Bei schwacher Hitze 15 Minuten köcheln. Danach Bries und Nieren zugeben.

Die sauer eingelegten Pilze und Gemüse in Streifchen schneiden und erst zum Schluß dazu rühren. Mit Essig, Zitronensaft, Salz, Pfeffer, Muskatnuß und Südwein abschmecken.

Bei Pina wird die Finanziera mit selbstgebackenem Brot serviert.

Die Zubereitung dieses Gerichts ist etwas aufwendig. Seit 20 Jahren kommt ein- bis zweimal in der Woche die mittlerweile hochbetagte Tante (Zia Letizia) und bereitet mit großer Sorgfalt und Liebe diese so einmalige Spezialität zu.

Sie erklärt mir, daß die *finanziera* nun am besten 1–2 Tage kühlstehen sollte, damit alles gut durchziehen kann. Erneut aufgekocht schmeckt sie noch mal so gut.

In vielen Gegenden, vor allem um Alba, gibt man noch frische grüne Erbsen hinzu. Als Variation bietet sich auch die Verwendung von Hackfleischbällchen (hergestellt aus hellem Fleisch), Mark und Hirn vom Kalb an.

Ein junger Barbera ist der ideale Wein zur *finanziera*.

Die *finanziera*, deren Zutaten manchem beim Lesen und beim ersten Probieren ungewohnt vorkommen mögen, hat sich von Turin aus verbreitet. Es gibt verschiedene Geschichten und Spekulationen wie es zu diesem Namen gekommen ist. Eines steht fest: Die »Herren der Finanz« haben Pate gestanden. Sie, so weiß man zu berichten, sollen verwöhnte Gaumen gehabt haben und große Gourmets gewesen sein. Da es ein bevorzugtes Essen bei ihren Arbeitssitzungen wurde, lag es nahe, daß ihre Berufsbezeichnung auf das Gericht überging. Im 19. Jahrhundert war der Markt gut bestückt mit jungen Hähnen. In den Sommermonaten sind sie zu Kapaunen kastriert worden und verloren somit ihre männlichen Geschlechtsmerkmale: Die Hautlappen unter dem Schnabel und die Kämme. Wichtige Zutaten der *finanziera*. Heute gibt es, dort wo dieses geschmacklich interessante Gericht verbreitet ist und auch in Privathaushalten gekocht wird, kaum Schwierigkeiten die Zutaten zu bekommen.

Wer die *finanziera* im deutschsprachigen Raum nachkochen möchte, sollte bei seinem Geflügelhändler vorfühlen und, auch wenn man ein Lächeln erntet, versuchen, die wichtigsten Zutaten zu bestellen. Beim Geflügelbauern direkt könnte es müheloser sein.

Einige Zutaten kann man auch weglassen, wie zum Beispiel den Filone. Das ist das Innere aus der Wirbelsäule eines Kalbes. Es sind circa 120/150 lange fingerdicke »Schläuche«.

Bagna caôda
Heiße Knoblauch-Sardellen-Soße

Für die Soße:
250 g frische Knoblauchzehen
Milch zum Kochen
200 g in Salz eingelegte Sardellen
½ l Olivenöl

Gemüse zum Tunken:
Karden (Distelart)
Rote, grüne, gelbe Paprikaschoten
Rübchen
Stangensellerie
Karotten
Blumenkohl
Wirsingblätter

Die Knoblauchzehen schälen, der Länge nach aufschneiden und gegebenenfalls die innere »Seele« (den Keim) entfernen. Grob hacken, mit Milch bedecken und kochen. Zur besseren Verträglichkeit kann man (immer mit frischer Milch) diesen Vorgang 1- bis 2mal wiederholen.

Die Sardellen reinigen, Salz abstreifen, die Gräten entfernen und mit einer Gabel zerdrücken. Zusammen mit dem Knoblauch verrühren und in etwas Öl anbraten. Das restliche Öl zugießen und 20–30 Minuten köcheln lassen.

Alle Gemüsesorten waschen, sauber putzen und in Stücke schneiden. Zur besseren Verträglichkeit kann man die Kohlsorten vorher abbrühen.

Für jeden Gast gibt es eine Schale mit Gemüse und ein Spezialtontöpfchen (Dianét), in dem die Soße heiß gehalten wird, denn das ist wichtig.

Dieses Essen ist nichts für schwache Mägen und für Leute, die Knoblauch nicht riechen und schon gar nicht essen mögen. Früher rechnete man pro Kopf eine Knolle, heute eher die Hälfte oder weniger. Außerdem sollte man trinkfest sein, denn ein kräftiger Barbera d'Asti ist unerläßlich bei der Bagna caôda. Was liegt da näher als sie in gemütlicher Runde mit vielen Freunden zu

verspeisen. Man sagt auch, daß sich die größten Dickköpfe und schlimmsten Zankhähne bei einem Schälchen Bagna caôda (oder cauda) wieder vertragen haben.

Früher wurde mehr Butter und weniger Olivenöl verwendet, denn es war kostbar und nicht jeder konnte es sich leisten. Ersatzweise nahm man Öl aus Walnüssen und in manchen alten Büchern ist zu lesen, daß der Bagna caôda auch einige Nüsse zugefügt wurden.

Im Mittelalter, so ist in einer Schrift der Ordensbrüder der Abbazia di Vezzolano (Abtei) nachzuschlagen, hat man bei der Bagna caôda vielfach ganz auf Knoblauch verzichtet. Nur in Zeiten der Pest und anderer Epedimien verwendete man ihn zusammen mit Nußöl, da man glaubte, damit der Ansteckungsgefahr entgegenzuwirken. Das ansonsten bevorzugte *peperoncino selvatico* (im piemonetsischen Dialekt: *puvrunin servai*) wurde mit der Zeit durch das schärfere Peperoncino (capsicum) ersetzt, weil es die Bagna caôda pikanter und auch verdaulicher macht.

Das Rezept aus dieser Zeit ist wiederaufgelebt und wird in einigen Trattorien der Provinz in den Wintermonaten gekocht.

»Senza aglio – La bagna caôda dell'amicizia«
»Ohne Knoblauch – Die Bagna caôda der Freundschaft«

Öl, Sardellen, Peperoncino piccante (sehr fein zerrieben), eine Walnuß, Sahne, Tomatensoße. Anstelle von Sahne kann Butter oder Margarine genommen werden. Die Tomatensoße soll sehr kräftig sein und die Sardellen sollen mit Essig abgewaschen werden.

Torta di nocciole
Nußkuchen

Für den Teig:
200 g Zucker
½ TL Honig
2 Eigelb
1 Ei
1 Prise Salz
300 g weiche Butter
500 g Mehl
1 Päckchen Backpulver
etwas abgeriebene Zitronenschale
etwas Aprikosenmarmelade

Für die Creme:
375 g Haselnüsse
3 EL Mehl
125 g Zucker
250 g flüssige Butter
225 g Puderzucker
5 Eier
100 g Kartoffelmehl
1 Messerspitze Vanille

Den Zucker mit dem Honig vermischen, die Eigelbe, das Ei und eine Prise Salz nacheinander dazu rühren. Weiche Butter löffelweise zugeben. Wenn alles gut vermengt ist, das gesiebte Mehl mit dem Backpulver und etwas abgeriebener Zitronenschale untermengen und einige Minuten kräftig schlagen.

Den Teig am besten 2 Stunden vorher zubereiten, besser noch am vorherigen Tag.

Ein Drittel der Haselnüsse 10 Minuten bei 200° C im Backofen rösten. Danach die Haut entfernen und zusammen mit den ungerösteten unter Zugabe von 1 Eßlöffel Mehl zerstoßen. Mit dem Zucker vermischen. Die flüssige Butter mit dem Puderzucker cremig schlagen und nacheinander die Eier zugeben. Zum Schluß Nüsse, Kartoffelmehl, restliches Mehl und die Vanille dazurühren.

Eine runde Springform (Ø 27 cm) oder mehrere kleine Förmchen ausbuttern, etwas bemehlen und mit dem Teig auslegen. Einen Hauch Marmelade darüberstreichen, die Nußcreme einfüllen und im vorgeheizten Ofen 30 Minuten bei 180° C backen.

Der Kuchen wird im »Gener Neuv« als Dessert mit einem Glas gekühltem Moscato d'Asti serviert.

Bei diesem Haselnußkuchen, aber auch bei anderen Nußdesserts sollte man möglichst nicht die abgepackten und schon gemahlenen Nüsse verwenden. Je frischer sie sind, desto besser schmeckt natürlich der Nachtisch. Im Piemont wachsen vor allem in den höheren Lagen der Langhe die runde oder auch die längliche Haselnußart. In Cortemilia ist das Zentrum des Haselnußhandels. Die beste Sorte »nocciola tonda gentile delle Langhe«, die runde, »freundliche« Haselnuß der Langhe ist besonders gut und wird von den großen und auch international bekannten Konfiserien bevorzugt. »Gentile« sind sie, weil sie »mundfreundlich« sind, was nicht heißt, daß sie auf der Zunge zergehen, doch sie sind besonders zart und angenehm zu essen. Nach der Ernte im August werden die Nüsse trocken gelagert und kommen dann sofort in den Handel.

In Cortemilia gibt es jährlich von Mitte bis Ende August eine »sagra della nocciola«. Bei diesem Nußfest backen die Dorfbewohner um die Wette und werden für die beste Torte ausgezeichnet.

101

Zuppa di baccalà e fagioli alla moda degli ortolani del Tanaro

Stockfischsuppe mit Bohnen nach Art der Tanarogärtner

400 g Stockfisch (getrockneter Kabeljau)
300 g dicke Bohnen (borlotti)
300 g Lauch
2 Selleriestangen
etwas Öl zum Anrösten
200 g Karotten (in Scheiben)
300 g Kartoffeln (in Würfeln)
1 TL Olivenöl pro Suppentasse
3 l Gemüsebrühe (aus Knoblauch, Sellerie,
Karotten, Zwiebeln und Petersilie)
Salz und Pfeffer
1 TL Olivenöl pro Suppentasse
gehackte Petersilie zum Bestreuen
geröstete Brotwürfel zum Bestreuen

Den Stockfisch mindestens 12, besser noch 24 Stunden in Wasser einweichen. Signora Pina läßt zwischendurch frisches Wasser zulaufen oder wechselt es mehrmals. Danach ist das Grätenauslösen leicht.

Die Bohnenkerne über Nacht in 2 l Wasser liegenlassen.

Den Lauch zusammen mit dem Sellerie sehr fein hacken und in Öl anrösten. Danach die Karottenscheiben, den in Würfel geschnittenen Stockfisch und die Bohnen zugeben. Mit der Gemüsebrühe auffüllen und 90 Minuten bei schwacher Hitze kochen. Vor dem Servieren mit Salz und Pfeffer abschmecken, in jede Suppentasse einen Teelöffel gutes Olivenöl geben, etwas Petersilie und geröstete Brotwürfel darauf verteilen.

Stockfisch findet man in Italien an Freitagen auf allen Märkten schon küchenfertig angeboten.

Die Weine des Piemont

Barolo

Ein großer Barolo ist kein leichter Wein. Im Piemont nennt man ihn nicht nur deshalb den »König der Weine«, weil er einmal der Wein der Könige war. Sein Alkoholgehalt beträgt mindestens dreizehn Prozent. Nach sechs bis zehn Jahren erreicht der Wein seine volle Reife. Gekeltert wird er aus der Nebbiolo-Traube. Mindestlagerung im Holzfaß drei Jahre, als Riserva fünf Jahre. Das Anbaugebiet umfaßt 1200 Hektar und konzentriert sich auf elf Gemeinden um den Ort Barolo.

Weingüter sind unter anderen: Giuseppe Mascarello in Monchiero, Bartolo Mascarello in Barolo, Pio Cesare sowie Bruno und Marcello Ceretto in Alba und Domenico Clerico und Aldo Conterno in Monforte d'Alba, Tiziana und Marco Parusso in Castiglione Falletto.

Barbaresco

Dieser Wein wird gleichfalls aus der Nebbiolo-Traube gekeltert und ist daher dem Barolo sehr ähnlich. Verschieden sind die Böden und die Vinifikation. Das 45 Hektar große Anbaugebiet konzentriert sich um den gleichnamigen Ort Barbaresco und die Orte Neive und Treiso. Der Barbaresco ist weniger mächtig als der Barolo und benötigt eine Mindestlagerung im Holzfaß von zwei Jahren.

Weingüter sind unter anderen: Lucia und Angelo Gaja und die Cantina Produttori del Barbaresco in Barbaresco, Vietti in Castiglione Falletto, Bruno Giacosa, Piero Busso, die Az. Agr. Castello di Neive, Az. Agr. Fratelli Cigliuti und die Az. Agr. Gastaldi in Neive.

Barbera

Tischwein mit wenig Tannin und hohem Säuregehalt sowie einer tiefroten Farbe. Im Piemont die häufigste Rebsorte.

Weingüter sind unter anderen: Renato Trinchero in Agliano d'Asti, Aldo Bertelli und Cascina Castlet in Costigliole d'Asti, Braida in Rocchetta Tanaro, Franco Fiorina in Alba.

Dolcetto

Ein sehr schöner, trockener und fruchter Rotwein, der jung getrunken wird und besonders beliebt ist bei den Piemontesen. Seine Farbe ist violett-rot.

Weingüter sind unter anderen: Valter Musso in Barbaresco, Renato Ratti und Massimo Martinelli in La Morra, Francesco Boschis in Dogliani, Vittorio Bera e figlio in Canelli, Giovanni Veglio & figli in Valle Talloria di Diano d'Alba.

Nebbiolo d'Alba

Gewonnen wird er aus der Nebbiolo-Traube, die jenseits des Tanaro wächst, wo kein Barolo und Barbaresco gekeltert werden darf. Im Roero-Gebiet ist er leichter und fruchtiger. Insgesamt ein einfacher, aber sehr schöner und auch preisgünstiger Wein.

Weingüter sind unter anderen: Prunotto in Alba, Scarpa antica casa in Nizza Monferrato.

Arneis

Selten Weißweinrebsorte, die nur im Roero-Gebiet kultiviert wird. Im Geschmack frisch-fruchtig, fein-blumig und säurearm.

Weingüter sind unter anderen: Antica Cascina dei Conti di Roero in Vezza d'Alba, Pietro Viglione in Monteu Roero, Bruno Giacosa in Neive.

Grignolino

Ein tanninreicher, eher körperarmer Wein von zarter bis rubinroter Farbe. Wird nur um Asti und im Monferrat angebaut.

Weingüter sind unter anderen: Viarengo in Castello di Annone, Scarpa antica casa und Bersano Antico podere Conti della Cremosina in Nizza Monferrato, Luigi Coppo e figli in Canelli.

Freisa

Eine Traube, die erst in den letzten Jahren wieder stärker angebaut wird und in guten Lagen um Turin und Asti einen tanninhaltigen bitter-fruchtigen, dunkelroten Wein ergibt. Es werden aber auch süßlichere und schäumende Weine aus dieser Traube gekeltert.

Weingüter sind unter anderen: Rovero in San Marzotto/Asti, Renaldo Graglia in Castelnuovo, Don Bosco/Asti, Contratto in Canelli und Giacomo Borgogno e figli in Barolo.

Moscato d'Asti

Ein süßer Dessertwein mit niedrigem Alkoholgehalt, den man aus der Muskateller-Traube gewinnt, der sehr kalt getrunken wird und zu jedem süßen Finale paßt.

Produzenten sind unter anderen: Giuseppe Rivetti in Castagnole Lanze, Forteto della Luja in Loazzolo (besonders guter Moscato passito), Piero Icardi e figli, Paolo Saracco sowie Elio Perrone in Castiglione Tinella.

Gavi

Kleines Weißwein-Anbaugebiet im Südosten des Piemonts, zwischen Alessandria und Genua, im gleichnamigen Ort Gavi. Gewonnen aus der Cortesetraube, ist er der beste Weißwein des Piemonts mit übrigens großer Nachfrage im deutschsprachigen Ausland.

Weingüter sind unter anderen: la Giustiniana, la Scolca und Società cooperativa in Gavi, Michele Chiarlo in Calamandrana/Canelli.

Jahrgänge der piemontesischen Weine

Beschränkt auf die achtziger Jahre waren ganz hervorragende Jahrgänge (annate eccezionale): 1985 und 1990. Große Jahrgänge (annate grande): 1982 und 1989; sehr gute Jahrgänge (annate ottime): 1980, 1986 und 1988; gute Jahrgänge (annate buone): 1983 und 1987; normale Jahrgänge (annate normale): 1981 und 1984.

Grappa
Der bekannte Tresterschnaps

Man brennt die Grappa im Piemont aus allen Rebsorten. Kein Geheimnis: Nur Liebe, ein bißchen Phantasie und natürlich auch Professionalität gehören zu einem Destillator. Es gibt viele Produzenten, zum Beispiel in Alba die Distilleria Santa Teresa und die von Carlo und Elio Beccaris in Boglietto di Costigliole d'Asti. Vater und Sohn machen neben den klassischen Grappa auch viele aromatisierte Sorten.

Antonella Bocchino brennt im elterlichen Unternehmen in Canelli viele interessant schmeckende Schnäpse. Sie sucht ihre Blüten selbst aus oder läßt sie sich von weither schicken.

Ein ganz besonderer und sehr eigenwilliger Mann, der seit 1945 in Neive Grappa brennt, ist Bruno Levi. Die Winzer aus der Umgebung liefern ihm die ausgepreßten Schalen. Wenn er in den frühen Morgenstunden damit beginnt, den Schnaps zu brennen – übrigens mit dem gleichen Brenngerät von damals und noch genau so, wie er es von seinem Vater gelernt hat –, dann arbeitet er an einem Produkt, das durch ihn im Piemont populär geworden ist. Und durch seine Bekanntheit ist auch der Preis für seine Grappa in die Höhe geschossen. Wenn Sie ein bißchen Glück haben und in sein Haus eingelassen werden, sollten Sie sich eine Flasche von Levis Grappa mit den malerisch beschrifteten Etiketten als Erinnerung an das Piemont kaufen.

Register

Adressen

Ristorante »Da Guido«
Lidia Alciati

Piazza Umberto I, 27
14055 Costigliole d'Asti
Telefon: 01 41/96 60 12, Fax: gleiche Nummer

Das Restaurant hat nur abends geöffnet und an Sonn- und Feiertagen geschlossen. Nur mit Reservierung.

Ferien: 20 Tage im August und vom 20. Dezember bis Mitte Januar.

Ristorante »La Contea«
Claudia Verro

Piazza Cocito, 8
12057 Neive/Cuneo
Telefon: 01 73/6 71 26 oder 6 73 67,
Fax: 01 73/6 73 67

Das Restaurant ist Sonntagabend und Montag geschlossen, in der Hochsaison (Trüffelzeit) durchgehend geöffnet. Reservierung empfehlenswert.

Ferien: Mitte Januar bis Mitte März.

Ristorante »Al Rododendro«
Mary Barale

Via San Giacomo, 73
12012 Boves/Cuneo
Telefon: 01 71/38 03 72, Fax: 01 71/38 78 22

Das Restaurant ist Sonntagabend und Montag geschlossen. Abends nur mit Reservierung.

Ferien: (im Sommer) werden jedes Jahr neu entschieden.

Ristorante »Gener Neuv«
Pina Bagliardi

Lungo Tanaro dei Pescatori, 4
14100 Asti
Telefon: 01 41/55 72 70, Fax: 0141/43 67 23

Das Restaurant ist Sonntagabend und Montag geschlossen. Abends nur mit Reservierung.

Ferien: im August und manchmal zur Jahreswende.

Literatur

Giacomo Agnelli, Il nuovo cuoco piemontese, Milano 1845

Annuario antologico Monferrato & »Granda«, Torino 1992

Luigi Bottà und *Franco Collidà,* Cueno, la provincia granda, Cueno 1990

Francesco Chapusot, La vera cucina casalinga, Torino 1851

La cuciniera piemontese, Vercelli 1771

Luigi Firpo, Gastronomia del Rinascimento, Torino 1974

Guida all'Italia gastronomica, Milano 1984

Giuseppe Mantovano, La cucina italiana, Roma 1985

Giovanni Vialardi, Cucina borghese semplice ed economica, Torino 1897

GIANNI BRUNELLI · CHRISTOPH MANN

OSTERIA LE LOGGE

Die Küche der Toscana

Mit einer Einführung von Otto Schily
und einem Liedtext von Gianna Nannini

Aus dem Italienischen von Hellmuth Zwecker

96 Seiten, vierfarbig
Großformat, Leinen

In seinem Kochbuch verrät der Padrone der »Osteria Le Logge« in Siena seine besten Rezepte der für die Küche der Toscana so typischen Gerichte. Die kulinarischen Bilder des Malers Christoph Mann kitzeln den Gaumen und machen Lust, selbst auszuprobieren, was die Küche Gianni Brunellis so berühmt gemacht hat.

Küchenkunst als Kultur, als Teil der Lebenskunst, wie leuchtet das ein, wenn man die köstlichen Rezepte liest – Ente mit Weintrauben, Salat aus feinen Steinpilzscheiben, Kuchen mit Spinat und Mangoldblättern, Bandnudeln mit Trüffeln und allerlei wundervolle Desserts. Wie der Wein, das grüne Öl, das zarte Fleisch der Rinder aus dem Chianatal ist Brunelli selbst ein Kind der Gegend, und in seinen Gerichten leben der Duft, die Farben und der Geist der Toskana.

HEINRICH HUGENDUBEL VERLAG

MANUELA ZARDO · JAKOB BRANDIS
BÀCARI IN VENEZIA
Vom Essen und Trinken in Venedig

107 Seiten, vierfarbig
Großformat, Leinen

Bacchus hat bei diesem Buch Pate gestanden – und er ist auch der Namenspatron der venezianischen *bàcari*, jener ältesten, schönsten und urtümlichsten Lokale Venedigs, denen die Autoren hier auf die Spur kommen. In ihnen, die viel mehr als nur gewöhnliche »Kneipen« sind, hat sich der alte Geist der Lagunenstadt noch erhalten, in ihnen spiegelt sich ein lebendiges Stück ihrer Geschichte wider. Die Rezepte, die den Wirten ebendieser *bàcari* abgeluchst wurden, repräsentieren die authentische venezianische Küche und versprechen zu Recht ungeahnte Genüsse – unterstützt durch die in warmes venezianisches Licht getauchten Fotografien, die eine besondere Lebenskultur zeigen, unmittelbar und atmosphärisch, einen beschwingten Streifzug durch das andere Venedig.

»Die venezianische Autorin Dr. Manuela Zardo hat ein kluges Buch über die schönen unbekannten Lokalitäten der Stadt geschrieben ... Ein Buch voller intimer Kenntnisse der traditionellen venezianischen Gegebenheiten in Sachen Essen und Trinken ... Ein Buch, das jeder Venedig-Liebhaber gelesen haben muß«.
Renate Peiler, »essen & trinken«

HEINRICH HUGENDUBEL VERLAG

HELLMUTH ZWECKER
IL CAPPELLAIO PAZZO
Mit Rezepten von Denny Brucci
und Bildern von Lothar Wurm

92 Seiten, vierfarbig
Großformat, Leinen

Das Ristorante Cappellaio Pazzo an der toskanischen Küste gilt bei kulinarischen Liebhabern seit einiger Zeit als besonders beliebte Adresse – und zwar bei Einheimischen wie auch bei Fremden. Das Lokal liegt nur einige hundert Meter von tyrrhenischen Meer entfernt, versteckt in den macchiabewachsenen Hügeln an der Straße vom Küstenbadeort San Vincenzo nach Campiglia Marittima.
Denny Brucci, ein besonders kreativer toskanischer Koch ist nach kulinarischen Lehr- und Wanderjahren zum heimischen Herd, zur traditionellen toskanischen Fischküche zurückgekehrt. Die frischen Zutaten entstammen dem Meer vor der Haustüre und dem dazugehörigen malerischen Küstenstreifen. Auch die über 40 Gerichte entstammen diesem Stück Heimat und den Kindheitserinnerungen, die der Koch Denny Brucci damit verbindet.

HEINRICH HUGENDUBEL VERLAG